Schneeschuhwandern in Südtirol

Die 40 schönsten Touren

Schneeschuhwandern in Südtirol

Die 40 schönsten Touren

Oswald Stimpfl / Georg Oberrauch
Folio Verlag Wien/Bozen

Herausgegeben in Zusammenarbeit mit:

DANK

Ein besonderer Dank geht an Irene Waldmüller-Engele für die Unterstützung der Autoren bei der Recherche sowie an Johanna Höller, Liesi Moser, Martin Mumelter, Michela Salandin, Christian Untersulzner und Elisabeth Zingerle, die bei mehreren Touren dabei waren.

SYMBOLE

- Tipp
- Sehens- und Wissenswertes
- Toureninfo: Gehzeit, Höhenmeter, Schwierigkeitsgrad
- Anfahrt
- Empfohlene Wanderkarte
- und Einkehrmöglichkeit

BILDNACHWEIS

Georg Oberrauch: S. 10, 34
Alle anderen Fotos stammen von Oswald Stimpfl.

Umschlagbild: Auf der Rodenecker Alm

Karten: © Kompass-Karten GmbH, A-6063 Rum (Lizenz-Nr. 58-0604-L)

Lektorat: Petra Augschöll
Grafik: no.parking, Vicenza
Satz und Druckvorstufe: Typoplus, Frangart
Druck: Dipdruck, Bruneck
ISBN 3-85256-278-3

www.folioverlag.com

INHALTSVERZEICHNIS

Panoramablick vom Kasebachhörndl in den Sarntaler Alpen

VORAUSGESCHICKT

Schneeschuhwandern ist die neue Trendsportart im Winter. Wer das Wandern mit den „Riesentappern" einmal ausprobiert hat, weiß warum: Mit Schneeschuhen erlebt man den Winter in seiner puren Form, entdeckt beim gemächlichen Stapfen die bizarre Winterlandschaft mit ihren Schnee- und Eiskristallen neu, erobert bisweilen im Laufschritt Pulverschnee-Gelände! Gipfel, die früher Skitourengehern vorbehalten waren, sind mit Schneeschuhen auch für Wanderer erreichbar; man kommt hoch hinaus – und wird auf Südtirols Höhen mit einem grandiosen Panorama belohnt.

Südtirol ist ein Wanderparadies im Sommer wie im Winter. In diesem Buch finden Sie eine Auswahl der lohnendsten Touren, leichte und mittelschwere Routen, die großteils auch ungeübte Schneeschuhwanderer schaffen – eine gewisse Kondition und Bergerfahrung vorausgesetzt. Eine sorgfältige Vorbereitung und die Fähigkeit seine eigenen Kräfte richtig einzuschätzen sind freilich unerlässlich.

Alle Ziele, die wir in diesem Buch empfehlen, haben wir selbst erwandert: den Roen, die Sarner Scharte, den Königsanger, die von Schneehauben bedeckten Stoanernen Mandln und das zauberhafte Reich der Fanes. Neben einer genauen Tourenbeschreibung finden Sie Einkehrtipps und Hinweise auf Sehenswertes am Wegesrand.

Schnallen Sie sich Ihre Schneeschuhe an und wandern Sie durch die lichten Lärchenwälder des Salten, erklimmen Sie einen aussichtsreichen Gipfel, ziehen Sie auf den weiten, glitzernden Flächen der Seiser Alm Ihre eigene Spur – was bei entsprechender Vorbereitung bei Vollmond oder ausgerüstet mit Stirnlampen noch mal so bezaubernd ist! Nehmen Sie Ihre Freunde mit und Ihre Familie samt Großeltern, Kindern und Hund.

Intensiven Wintergenuss und grad so viel Anstrengung wie Spaß macht, wünschen …

Oswald Stimpfl & Georg Oberrauch

DIE AUSRÜSTUNG

Der Schneeschuh ist ein uraltes Fortbewegungsmittel. In früheren Zeiten benutzten ihn Jäger, Holzfäller und Bauern bei der Arbeit; auch die Indianer und Trapper Amerikas kannten Schneeschuhe. Unsere Ahnen banden einfach mit Lederriemen oder Schnüren bespannte Holzreifen unter die Schuhe und konnten sich so im Schnee fortbewegen, ohne allzu tief einzusinken.
Der moderne Schneeschuh hat nicht mehr viel mit seinen klobigen Vorfahren gemein; er ist aus leichten Materialien gefertigt und mit einer Schnellverschluss-Bindung ausgestattet. Schneeschuhwandern ist eine preiswerte und unkomplizierte Sportart, doch Qualität und Material sind ausschlaggebend für die Sicherheit.

Der Schneeschuh

Bis vor kurzem importierten viele Fachgeschäfte die Schneeschuhe aus Amerika und Kanada; letzthin haben auch große europäische Ski- und Skizubehörhersteller diesen Markt für sich entdeckt. Damit einher gingen eine größere Auswahl und niedrigere Preise für die Konsumenten. Im Wesentlichen sind drei unterschiedliche Schneeschuhtypen auf dem Markt, die wir hier mit den amerikanischen, im Sporthandel gebräuchlichen, Begriffen beschreiben:

„Originals“ bestehen aus Holzrahmen, die mit Lederriemen bespannt sind. Da sich diese Schuhe nur für ebenes Gelände eignen, werden nur Nostalgiker damit glücklich.
„Classics“ sind den Originals nachempfunden, aber aus modernen Materialien hergestellt: Sie bestehen aus Rohr-Alurahmen mit Kunststoffbespannung. Die Frontpartie ist hochgezogen, ausgestattet sind sie mit Harschkrallen und mit einer Bindungsplatte für den Schuh. Je nach Körpergewicht variiert die Größe. „Classics“ eignen sich auch für leicht geneigtes Gelände und im Tiefschnee.
Die so genannten **„Moderns“** wurden speziell für das alpine Gelände konstruiert und sind relativ preiswert. Sie bestehen aus belastbarem, flexiblem Kunststoff. Mithilfe einer Ratschenbindung (ähnlich einer Snowboardbindung) fixiert man den Schuh bequem auf der Bindungsplatte. Außerdem haben die „Moderns“ scharfe Harschkrallen und Zacken, teils auch längs angeordnete Alu- oder Kunststoffleisten, und bieten dadurch im steilen Gelände und bei Querungen im harten Schnee einen guten Halt. Wenn die Spitze stark gebogen ist, verhakt man sich beim Gehen im harschigen

Schnee nicht so leicht. „Moderns" sind handlich und können leicht auf den Rucksack gebunden werden. Manche Modelle sind mit einer Steighilfe versehen, die bei steilen Aufstiegen nützlich sein kann. Andere Modelle können mit einem Verlängerungsstück ausgerüstet werden, das bei Neuschnee eine größere Auflagefläche bietet.

Die Stöcke

Schneeart (Neuschnee, Harschschnee, vereister bzw. feuchter Schnee) und Schneehöhe spielen beim Schneeschuhwandern eine große Rolle. Wege, die im Sommer breit und eben sind, können im Winter ein erhöhtes Maß an Trittsicherheit erfordern. Stöcke sind hilfreich, meist unentbehrlich. Für den Anfang reichen normale Skistöcke. Besser sind jedoch zwei- bis dreiteilige, höhenverstellbare Teleskop-Skistöcke, die man, wenn nicht vonnöten, leicht im Rucksack verstauen kann. Achten Sie auf große Teller an den Stöcken.

Die Tourenschuhe

Ein qualitativ hochwertiger und vor allem bequemer winterfester Schuh ist neben dem Schneeschuh der wichtigste Ausrüstungsgegenstand für genussvolles Wandern. Grundsätzlich kann man mit Skitourenschuhen, mit Snowboardschuhen oder mit Bergschuhen unterwegs sein, wichtig ist nur: Wasserdicht und warm müssen sie sein! Nicht zu gebrauchen sind Après-Ski-Stiefel. Sie bieten keinen guten Halt in der Bindung.

Die Kleidung

Die kalte Jahreszeit hat einen Vorteil: Der Niederschlag fällt als Schnee, es gibt also kein wirklich schlechtes Wetter, wenn man funktionell und warm gekleidet ist. Der **Anorak** sollte wasserdicht und atmungsaktiv sein. Praktisch ist eine große Kapuze, die Wind und Schneeflocken fern hält; außerdem immer eine **Mütze** einpacken. Als Hose kann man eine Skihose tragen, besser eignen sich **Skitourenhosen**, die über die Schuhe reichen und mit Gummizügen fest abschließen. Wenn die Hose nicht fest abschließt, sind **Gamaschen** ratsam. Packen Sie auf jeden Fall auch Walkfäustlinge oder **Handschuhe** aus atmungsaktivem Textilmaterial (Windstopper) in den Rucksack. Bei der **Unterwäsche** haben sich spezielle Textilien, wie z. B. Transtex, bewährt. Da sie den Schweiß nach außen leiten, fühlen sie sich trocken und warm an. Bei längeren Touren daran denken, Wäsche zum Wechseln mitzunehmen!

Der Tagesrucksack

Rucksackmodelle, an denen die Schneeschuhe mit Riemen und Schnallen-Schnappverschluss außen befestigt werden können, sind besonders praktisch. Der Rucksack sollte groß genug sein, damit eventuell die Teleskop-Stöcke Platz haben – und der Anorak, die Reservehandschuhe, ein kleines **Notfallset** (Blasenpflaster!) und die **Thermosflasche** mit mindestens einem dreiviertel Liter an heißem Getränk. Was gehört sonst noch in den Rucksack?
Natürlich ein kräftigender, gesunder **Proviant**; dazu gehören auch eine Tafel **Schokolade** oder ein paar Riegel für die kleine Stärkung zwischendurch. Wer schon mal mit einer roten Nase von einer Bergtour heimgekehrt ist, kennt die Macht der Sonnenstrahlen im Gebirge: **Sonnencreme** und **-brille** sind unverzichtbar. Weiters eine gute **Wanderkarte**; eine faltbare und leichte **Sitzunterlage** gegen einen nassen und kalten Hintern; um für alle Fälle gerüstet zu sein evtl. eine Alu-Decke als Unterlage bei Notfällen und eine **Taschenlampe** oder eine Stirnlampe; ein **Taschenmesser** und – für alle die gern in die Ferne blicken, um die Route zu erkunden oder Wild zu beobachten – ein **Fernglas**. Nie vergessen: das **Handy**, mit eingespeichertem Notruf (118) und den Nummern der Tourenkameraden.

DIE GEHTECHNIK

Schneeschuhwandern ist unkompliziert und einfach. Keine Rede vom mühsamen und unbequemen Watscheln im Entengang! Die modernen Schneeschuhe sind relativ schmal, sodass man sich beim Gehen nur selten verhakt. Die paar Regeln, die es gibt, sind einfach zu merken und erweisen sich spätestens in der Praxis als logisch: Hangquerungen sind unangenehm, besser in der Falllinie auf- und absteigen; beim Überqueren von verschneiten Bächen auf Eis achten, das sich unter der Schneedecke versteckt; bei hartem Schnee oder sehr steilen Abstiegen kann es ratsam sein, die Schneeschuhe auszuziehen; kameradschaftliches Abwechseln beim Spuren im tiefem Schnee trägt dazu bei, dass dem Ersten nicht die Puste ausgeht. Wenn es dennoch zu anstrengend wird: besser umkehren, leichter wird's selten. Die angegebenen Gehzeiten sind relativ: Wie man vorankommt, hängt wesentlich von Schneelage und Schneebeschaffenheit ab. Der einfache Grundsatz: rechtzeitig aufbrechen!

ZUR SICHERHEIT

Schneeschuhwandern ist ungefährlich, wenn ein paar Regeln beachtet werden: Sorgen Sie für eine gute **Ausrüstung** und **Kleidung**. Kälte und Wind entziehen dem Körper Wärme. Auskühlung kostet Kraft, auch wenn man glaubt, sich auf relativ ebenen Wegen nicht sonderlich anzustrengen.

Beachten Sie, dass die **Orientierung** in der Winterlandschaft schwieriger ist als im Sommer. Markierungen auf Steinen und Zäunen sind oft unter einer Schneedecke versteckt; auch die Zeichen an den Bäumen können von schneebeladenen Zweigen verdeckt werden. Bei viel Schnee sind Weg- und Steigspuren meist verweht. Somit stellt Schneeschuhwandern an den Orientierungssinn weit höhere Anforderungen als normales Wandern. Karten lesen können ist daher bei schwierigeren Touren wichtig. Gehen Sie nie allein in unbekanntes Gelände.

Bei allen in diesem Buch beschriebenen Touren ist die Orientierung einfach und es herrscht kaum **Lawinengefahr**. Beachten Sie dennoch folgende Regeln: Sich über das Wetter und die Lawinenlage sowie über den genauen Routenverlauf zu erkundigen, gehört zur Vorbereitung jeder Tour. Schneeschuhwandern ist nach Neuschneefall besonders schön, die Gefahr von Lawinenabgängen steigt aber. Meiden Sie dann hochalpine und sehr steile Hänge, beschränken Sie sich auf ebenes Gelände und bedenken Sie, dass auch ein Talboden mit steilen seitlichen Flanken Risiken birgt. Steigungen von mehr als 25 ° (mit einer steilen Garageneinfahrt vergleichbar) sind immer gefährlich. Ratsam ist, nicht alleine unterwegs zu sein. In vielen Südtiroler Wintersportorten werden geführte Schneeschuhwanderungen angeboten. Wenn Sie keine alpine Erfahrung haben, schließen Sie sich einem der vielen gut ausgebildeten Bergführer an.

NÜTZLICHE ADRESSEN

Alpenverein Südtirol (AVS): Tel. 0471 999955, www.alpenverein.it
Bergführer: www.bergfuehrer.info
Bergrettungsdienst (BRD): Tel. 0471 675000, www.bergrettung.it
Lawinenlagebericht: www.provinz.bz.it/lawinen/
Schneeschuhverleih: Sportler-Alpinhaus: Tel. 0471 974033
Tourenbegleitung: Verband Südtiroler Berg- und Skiführer: Tel. 0471 976357
Vermittlung von geführten Schneeschuhwanderungen: Sportler Tours: Tel. 0471 050300
Wetter, Schnee- und Lawinenlagebericht: Tel. 0471 271177 oder Tel. 0471 270555, www.provinz.bz.it/wetter/

Die Tourismusverbände Südtirols auf einen Blick

TV Vinschgau: Tel. 0473 620480, www.vinschgau.suedtirol.com
TV Meraner Land: Tel. 0473 200443, www.meranerland.com
TV Meran, Dorf Tirol, Algund: Tel. 0473 235223, www.meran-tirol-algund.com
TV Südtirols Süden: Tel. 0471 633488, www.suedtirols-sueden.info
TV Rosengarten-Latemar: Tel. 0471 610310, www.rosengarten-latemar.com
TV Seiser Alm/Schlerngebiet: Tel. 0471 704122, www.schlerngebiet.com
TV Gröden: Tel. 0471 792277, www.valgardena.it
TV Eisacktal: Tel. 0472 802232, www.eisacktal.info
TV Alta Badia: Tel. 0471 836176, www.altabadia.org
TV Ferienregion Tauferer Ahrntal: Tel. 0474 652081, www.tauferer.ahrntal.com
TV Crontour: Tel. 0474 555447, www.kronplatz.com
TV Hochpustertal: Tel. 0474 913156, www.altapusteria.net

1 ZUR OCHSENBERG-ALM IN LANGTAUFERS

Im äußersten Nordosten des Vinschgaus, knapp vor der österreichischen Grenze, liegt zwischen dem Reschensee und der vergletscherten, 3739 m hohen Weißkugel das abgelegene Hochtal von Langtaufers. Bei Kapron in Langtaufers zweigt nach Süden das Roselltal ab und läuft der intakten Bergwelt zu. Im Talschluss liegt die Ochsenberg-Almhütte mit dem Kirchlein St. Wendelin – das Ziel dieser Wanderung.

Ausgangspunkt ist bei den Höfen Riegl und Perwarg im Weiler Kapron in 1678 m Höhe. 50 m hinter dem alten **Perwarg-Hof** führt der Almweg steil durch eine Schneise im Lärchenwald bergauf. Nach ca. 15 Gehminuten trifft man bei einer Brücke und einem Wasserspeicher auf die breite **Forststraße**. Die Straße entlang geht's taleinwärts, hie und da eine Kehre abkürzend. Die Einsamkeit, die im Roselltal herrscht, ist überwältigend; Zirbelkiefern säumen den Weg; der Rieglbach mit seinem munteren Wasserlauf ist

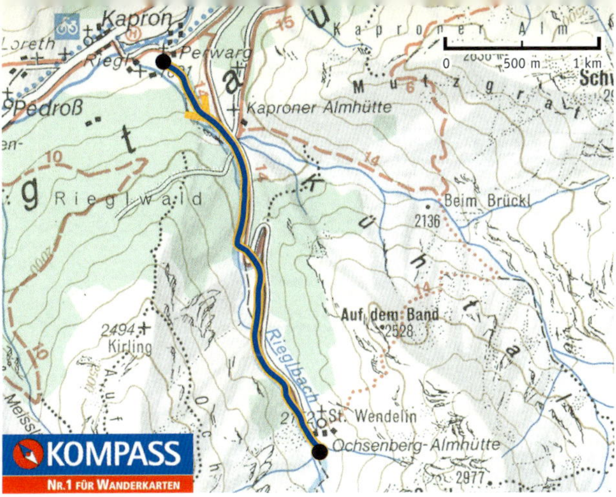

ständiger Begleiter. Nach einem Holzzaun mit Gatter mündet der breite Weg in ein weites, ebenes Gelände. Hier duckt sich die **Neue Alm** an den Berghang. Der Bach fließt in weiten Schleifen träge talwärts. Noch eine Wegbiegung und man steht vor der Alten **Ochsenberg-Alm** (2175 m) und dem Kirchlein zum hl. Wendelin. Zurück auf demselben Weg.

Das winzige Kirchlein St. Wendelin hat nicht einmal einen Turm. Die Tür ist so niedrig, dass man beim Eintreten den Kopf einziehen muss; das Kirchendach wird beinahe vom großen Wegkreuz mit dem von der Hochgebirgssonne geschwärzten Christus überragt. Der hl. Wendelin ist ein Viehpatron. In früheren Zeiten war das Vieh oft das Kostbarste, das der Bauer besaß; da musste man die wertvollen Tiere während ihres Almaufenthalts im Sommer schon einem Heiligen anvertrauen, der es vor Krankheit, Blitz und Unfällen schützte!

In Kürze

Gehzeit: Aufstieg ca. 1½–2 Stunden, Abstieg ca. 1 Stunde >> ca. 500 Höhenmeter >> leichte Tour

Von Graun am Reschensee 5 km zum Weiler Kapron im Langtauferer Tal, wo man auf die südliche Talseite wechselt und zu den Höfen Riegl und Perwarg fährt. Parkplatz bei der Kapelle in der Nähe des Perwarg-Hofs.

Kompass-Wanderkarte 041 (1:35.000) oder 52 (1:50.000)

Gasthaus Post-Traube: Der stattliche Gasthof mit alter Stube liegt an der Vinschgauer Straße in Graun. Auch am Nachmittag kleine Gerichte. Kein Ruhetag. Tel. 0473 633131

2 AUF DEN KÄLBERBERG BEI SCHLINIG

Im Vinschger Oberland zieht sich von Burgeis das Schliniger Tal zur Schweiz hin. Von den hohen Grenzbergen läuft der Kälberberg als freier Rücken nach Südosten aus. Man kann diesen Aussichtsberg vom Dörfchen Schlinig aus problemlos ersteigen.

Die Wanderung beginnt in **Schlinig** (1738 m): Man folgt der **Langlaufloipe**, quert das Tal und gelangt zu einer Waldschneise, die sich den Hang hochzieht. Im Westen sieht man schon den steilen Kälberberg und seinen mit einer Stange markierten Vorgipfel aus dem Wald herauslugen. Für den Aufstieg wählt man den steilen Weg über die **Schneise**. Man kommt an einer **Antennenanlage** mit auffälligen roten Kästchen vorbei, biegt nicht in die Forststraße ein, sondern geht 200 m weiter bergauf. Hier zweigt rechts ein **Waldweg** ab, der einen in steilen Kehren – zuerst durch Fichten-, dann durch schönen Lärchen- und Zirbenwald – rasch höher bringt. Nach etwa 1 Stunde Aufstieg quert man die Forststraße. Im Talgrund erkennt man die Schliniger Almböden, die Langlaufloipe, die Rodelbahn und die bewirtschaftete Alm Planibell. Bei den letzten großen Lärchen und Zirbelkiefern biegt der Weg nach Süden; man sieht schon die kleine Holzhütte der **Kälberalm** (2137 m), die zu einer Teepause geradezu einlädt.

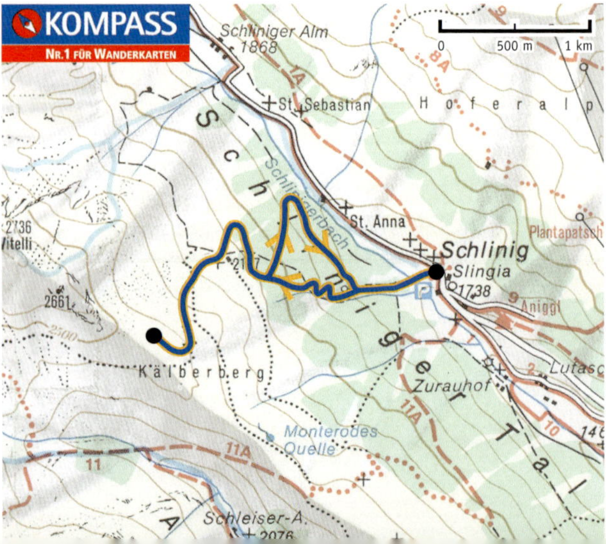

Wer es weniger anstrengend mag, kann ab der Antennenanlage auf der Forststraße aufsteigen und als Wanderziel die Kälberalm wählen. Der Schlüssel für die Hütte hängt neben der Tür!

Weiter geht's zwischen der Almhütte und einem Wegkreuz durch; dann ersteigt man in Kehren eine **Geländestufe**, quert eben die **Rossböden** und hält auf den nahen Grat zu (den steilen Nordhang meiden!), an dem die letzten Zirben hochklettern. Entlang diesem **Grat**, der so genannten Sponda, erklimmt man in steilen Serpentinen den **Vorgipfel** mit seiner von weitem sichtbaren Stange. Bis auf den Rücken des **Kälberbergs** sind's nur mehr wenige hundert Meter. Die Aussicht ist überwältigend, im Osten blickt man bis zu den Dolomiten! Zurück geht's bis zur Kälberalm auf demselben Weg, unterhalb der Hütte jedoch bleibt man auf der Forststraße, die mäßig abfallend in einer weiten Schleife nach **Schlinig** zurückführt.

Saurer Sepp, ein Original und Unikum vom Sportgeschäft Kristiania in Schlinig ist Wanderführer und kennt die Gegend wie seine Westentasche. Für einen Tipp ist er immer zu haben; außerdem verleiht er Schneeschuhe. Tel. 0473 831435

In Kürze

Gehzeit: Aufstieg ca. 2½ Stunden, Abstieg ca. 1½ Stunden >> ca. 650 Höhenmeter >> leichte Tour, einfache Orientierung, etwas anstrengender Aufstieg

Von Burgeis nach Schlinig; Parkplatz bei der leer stehenden Kaserne im Dorf.

Kompass-Wanderkarte 041 (1:35.000) oder 52 (1:50.000)

Bar Café Uina: In Schlinig. Hausgemachte Kuchen, kleine Jausen, Sonnenterrasse. Kein Ruhetag. Tel. 0473 830278

3 ZUR MARTELLER HÜTTE

Das Martelltal, ein Seitental des Vinschgaus, dringt bis ins Herz der Ortler-Cevedale-Gruppe vor. Zunächst eng und abweisend, weitet es sich im hinteren Abschnitt und eröffnet großartige Ausblicke auf die ringsum liegenden hohen Gipfel und Gletscher. Ziel dieser Wanderung ist die Marteller Hütte im Talschluss.

Ganz hinten im Tal, wo die Straße zu Ende ist und sich der Wendeplatz für den Linienbus befindet (ca. 2060 m), hält man sich nach der kleinen **Brücke** rechts und wandert das **Bächlein** entlang bergauf über gestuftes, mit Felsblöcken und einzelnen Zirbelkiefern

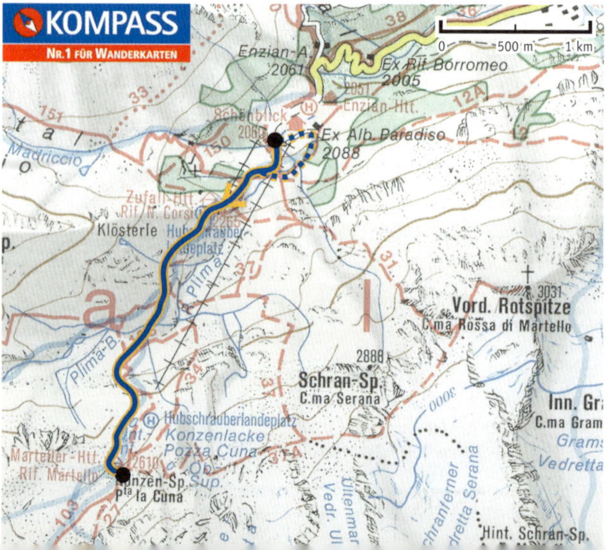

durchsetztes Gelände (Mark. 150). Nach rund 30 Minuten erreicht man die von März bis Mai geöffnete **Zufallhütte** (2265 m), auch Rifugio Nino Corsi genannt. Kurz danach kommt man zu einem **Steinwall**, der vor über hundert Jahren als Rückhaltebecken für das Geröll des Plimabaches erbaut wurde. Man durchquert den weiten Talboden (Wegweiser Marteller Hütte, **Winterskiweg**) und steigt nun ziemlich steil im Zickzack zur **Marteller Hütte** (2610 m) auf. Sie liegt in einem Sattel versteckt am Fuß der 3386 m hohen Venedigspitze. Rückweg über die Aufstiegsspur.

Wenn Sie sich auf dem Rückweg nach der Zufallhütte rechts halten und über den Weg Nr. 36 zurückwandern, kommen Sie an einer imposanten Ruine vorbei, dem in den 1930er-Jahren errichteten Sporthotel Paradiso (2088 m). Der berühmte Architekt Gio Ponti hat den für damalige Zeiten hypermodernen Hotelkomplex erbaut. Das Haus erlebte nur wenige Blütejahre, nun dämmert das bröckelnde Monument besseren Zeiten entgegen.

In Kürze

Gehzeit: ca. 3½–4 Stunden >> ca. 550 Höhenmeter >> mittlere Tour

Man fährt bis ans Ende des Martelltals; Parkplatz nahe der Enzianhütte.

Kompass-Wanderkarte 052 (1:40.000) oder 72 (1:50.000)

Zufallhütte/Rifugio Nino Corsi: Das traditionsreiche Schutzhaus ist Stützpunkt für Alpinisten. Von Anfang März bis Anfang Mai wegen der vielen Skitourengeher geöffnet. Kein Ruhetag. Tel. 0473 744785
Marteller Hütte: Das AVS-Haus hält im Frühjahr im März und April geöffnet. Kein Ruhetag. Tel. 335 5687235

4 RUND UM DEN STALLWIESERHOF IN MARTELL

Auf der Sonnenseite des Martelltals liegt knapp unterhalb der Waldgrenze einer der höchsten bewirtschafteten Bauernhöfe Südtirols mit angeschlossenem Ausflugsgasthaus, der rund 600 Jahre alte Stallwieser. Durch die angrenzenden lichten Wälder führt ein hübscher Rundweg, der im Winter geradezu ideal zum Schneeschuhwandern ist.

Der Stallwieserhof liegt in 1931 m Höhe. Vor dem Haus, bei der alten wasserbetriebenen Mühle, geht ein breiter Forstweg durch den Sebelwald ostwärts. Nach etwa 1 Stunde Gehzeit endet der Weg bei einer Waldwiese, dem so genannten Wiesboden. Im Sommer führt ein Steig (Mark. 15) weiter. Im Winter muss hier umgekehrt werden: Betrachten Sie den Wiesboden als lohnenden Abstecher. Nach 15 Minuten Gehzeit steigt man dann über eine kleine Senke zum Suchbühel auf. Von der Kuppe genießt man einen tollen Blick ins Martelltal und ins Vinschgau. Bald nach dem Suchbühel zweigt eine Forststraße bergauf Richtung Westen ab; nach knapp 1 Stunde Gehzeit trifft man auf den Steig 23 (Marteller Höhenweg), der sich bald absenkt und auf den Steig Nr. 5 trifft, der vom Stallwieser heraufkommt und weiter zur Laaser Orgelspitze führen würde. Auf Steig 5 geht es flott abwärts zum Stallwieser.

Wem die obige Runde zu wenig anspruchsvoll ist, steigt auf Steig 5 vom Gasthaus Waldheim im Talgrund bis zum Stallwieser die 400 Höhenmeter auf.

Beim Stallwieser wurden vor wenigen Jahren Bartgeier in die Freiheit entlassen. Mit etwas Glück sieht man den großen, harmlosen Greifvogel, der sich vom Aas verendeter Tiere ernährt, seine Kreise ziehen.

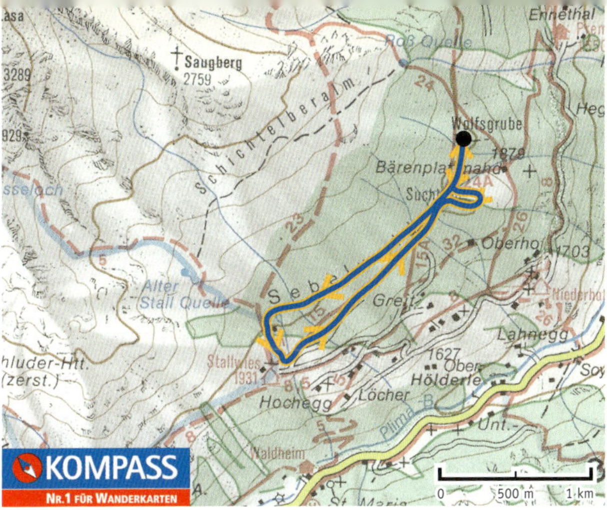

In Kürze

Gehzeit: ca. 2½–3 Stunden >> ca. 180 Höhenmeter >> leichte Tour, problemlose Orientierung

Von Martell aus 7,5 km lange, etwas abenteuerliche Zufahrt zum Gasthaus Stallwies: Von Gand, unten im Tal, zur Marteller Kirche, dann zum Ortsteil Ennetal, ab hier weisen Schilder den Weg zum Stallwieser; Parkplatz.

Kompass-Wanderkarte 069 (1:35.000) oder 72 (1:50.000)

Gasthaus Stallwies: Urgemütliches Bauerngasthaus mit guter bodenständiger Küche, ganz auf Wanderer und Skitourengeher eingestellt. Kein Ruhetag, Tel. 0473 744552, www.stallwies.com

5 AUF DEN PLATTER BERG (STRITZON)

Das hintere Passeiertal mit seinen prachtvollen Bergen ist einer der wildromantischen Flecken Südtirols. Die Wanderung über den Gampen zum Stritzon – oder auch Platter Berg genannt nach dem Dörfchen zu seinen Füßen – bedeutet Einswerden mit der eindrucksvollen Bergwelt.

Die Wanderung beginnt oberhalb der Streusiedlung **Ulfas**, beim Parkplatz am Ende der Straße auf 1500 m. Ein **Forstweg** führt nordwärts mäßig steigend bergauf. Die Route wird von Schneeschuhwanderern und Skitourengehern regelmäßig begangen, sodass die Aufstiegsspuren eine leichte Orientierung bieten. Nach ca. 200 m zweigt von der Forststraße links der alte **Almweg** (Urweg Stritzon-Joch) ab, auf dem man kurz ein Waldstück durchwandert und zu einem **Wiesengelände** gelangt. Nun südwestwärts immer gerade bergan, zuerst über Wiesen, dann durch Wald, bis sich nach einer kurzen Steilstufe die märchenhaften Bergwiesen des **Gampen** (ca. 1850 m) vor einem auftun. Die Almhütten laden auch im Hochwinter zum Verweilen ein: Windgeschützt in der Sonne zu sitzen und dem mitgebrachten Proviant zuzusprechen gehört zu den Hochgenüssen beim Schneeschuhwandern. Der Weg geht nun über die Wiesen Richtung Nordwesten und führt zu einer **Almhütte am Waldrand**. Von dort in westliche Richtung durch den Wald steil hinauf auf einen Grat und weiter zu einem **Wetterkreuz** oberhalb der Waldgrenze. Bis hierher gilt die Tour als lawinensicher. Bei guten Verhältnissen erreicht man ab dem Wetterkreuz in ca. 20 Minuten den Gipfel des **Stritzon** (2230 m), von wo man einen schönen Blick ins hintere Passeiertal hat und zu den Dreitausendern des Alpenhauptkamms sieht. Für den Rückweg folgt man den Aufstiegsspuren.

In Kürze

Gehzeit: Aufstieg ca. 2½ Stunden, Abstieg ca. 1¾ Stunden >> ca. 730 Höhenmeter >> mittlere Tour

Von Moos in Passeier über Platt nach Ulfas und weiter bis ans Ende der Straße; Parkplatz beim Kratzegg-Hof

Kompass-Wanderkarte 044 (1:35.000) oder 53 (1:50.000)

Platterwirt: Traditionelles Dorfgasthaus in Platt. Donnerstag Ruhetag. Tel. 0473 649008

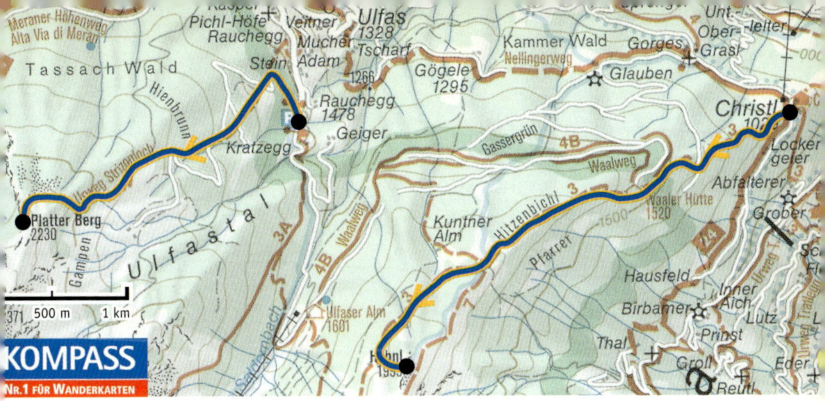

6 AUFS HAHNL

Das Hahnl ist ein unscheinbarer, aber lohnender und relativ lawinensicherer Gipfel im hinteren Passeiertal. Der Bergrücken, auf dem er sich erhebt, läuft von der mächtigen Kolbenspitze (2865 m) gegen Nordosten aus.

Von der **Jausenstation Christl** (1132 m), die auf einem Aussichtsbalkon westlich oberhalb von St. Leonhard liegt, wandert man in südwestliche Richtung (Weg Nr. 3) hinauf zum **Pfarrer**, einer einsam gelegenen Waalerhütte an einem beschaulichen Waal (einem alten Bewässerungskanal). Vom Pfarrer geht's ein Stück steil bergauf und dann immer auf dem **Bergrücken** bis zum Gipfel des **Hahnl** (1995 m). Die Ausblicke hinunter ins Passeiertal und hinaus nach Meran sind fantastisch, im Norden sieht man bis zu den Ötztaler Alpen und man kann sogar die Stubaier Alpen erahnen! Bei viel Schnee und bei Lawinengefahr empfiehlt es sich nur bis zum Vorgipfel, dem so genannten Hitzenbichl, aufzusteigen. Für Ortskundige bietet sich der Abstieg über die **Kuntner-Alm** (1747 m) bis **Glauben** und über den **Meraner Höhenweg** zurück zur **Jausenstation Christl** an. Allen anderen sei geraten, auf dem Aufstiegsweg zurückzuwandern.

In Kürze

Gehzeit: ca. 5 Stunden >> ca. 860 Höhenmeter >> mittlere Tour, anfangs steiler Aufstieg

Von St. Leonhard in Passeier über die alte Platter Straße bis nach Breiteben, von dort ostwärts zur Jausenstation Christl.

Kompass-Wanderkarte 044 (1:35.000) oder 53 (1:50.000)

Jausenstation Christl: Einfaches, gemütliches Bauerngasthaus. Anmeldung erwünscht. Kein Ruhetag. Tel. 0473 656246
Gasthaus Breiteben: Liegt im Weiler Breiteben. Auch am Nachmittag kleine warme Gerichte. Montag Ruhetag. Tel. 0473 656249

7 AUFS VIGILJOCH

Im Sommer ist das Vigiljoch ein viel besuchtes Sommerfrischgebiet und eine beliebte Wandergegend, im Winter wandelt es sich zu einem der ältesten und kleinsten Skigebiete des Landes – die ausgedehnten Almen und Wälder laden heute insbesondere zum Schneeschuhwandern ein.

Eine Seilbahn bringt einen von **Lana** in knapp 1500 m Höhe, anschließend geht es mit einem altmodischen Einer-Sessellift zur **Bergstation** auf 1814 m. Hier beginnt unser Weg, der leicht abwärts nach Westen führt, einen kleinen Schlepplift schneidet und schließlich zum **Gasthof Jocher** (Winterruhe) beim Kirchlein zum hl. Vigilius führt.

Der mit Nr. 9 rotweiß markierte Weg geht zwischen Gasthaus und Kirche durch, führt zum nahen **Joch** und läuft schließlich mäßig steigend immer den Kamm entlang durch Fichtenwald Richtung Südwesten. Eine **Lichtung** wird gequert, eine Überland-Hochspannungsleitung unterquert; man folgt weiterhin der Markierung 9 Richtung Hochwart (die Abzweigungen Nr. 30 und 9/A nicht beachten). Der Wald wird schütterer, bald sieht man nach einer Geländestufe die Anhöhe des **Rauhen Bühels** (2027 m), wo sich eine Antennenanlage und ein Jäger-Hochstand den Platz teilen. Die Aussicht von der exponierten Kuppe ist unvergleichlich. Weiter im Westen erheben sich das Naturnser Hochjoch und der Gipfel der Hochwart, die aber erfahrenen Tourengehern vorbehalten bleiben. Abstieg in nordwestlicher Richtung zur **Naturnser Alm** (1992 m) – wo sich im Sommer die Wanderer tummeln, herrscht jetzt tiefe

Ruhe. Unter einem Dachvorsprung stehen ein Tisch und eine Bank für die wohl verdiente Stärkung, dann geht's auf Weg Nr. 30 in östlicher Richtung heimwärts. Nach etwa knapp 1 Stunde Gehzeit trifft man wieder auf den **Aufstiegsweg**. Wer noch eine Zugabe schafft, verzichtet auf den Sessellift und steigt zur **Bergstation der Seilbahn** ab.

Der hl. Vigilius, dem das Höhenkirchlein geweiht ist, ist der Patron des Bistums Trient; ein Zeichen, dass dieses Gebiet einst zum Trienter Einflussbereich gehörte.

Neben der Bergstation der Seilbahn in rund 1500 m Höhe steht das neue, luxuriöse, von dem aus Südtirol stammenden Star-Architekten Matteo Thun eigenwillig gestylte Hotel „vigilius mountain resort". Betuchte Gäste aus aller Welt finden hier absolute Ruhe fernab von Verkehr, viel Komfort und intakte Natur.

In Kürze

Gehzeit: ca. 5–6 Stunden; von der Bergstation bis Rauher Bühel ca. 2½ Stunden, zur Naturnser Alm und zurück nochmals ca. 2½ Stunden >> ca. 280 Höhenmeter >> lange, aber leichte Tour

Mit der Seilbahn von Oberlana (am Beginn der Straße ins Ultental) zum Vigiljoch. Parkplatz an der Talstation.

Kompass-Wanderkarte 053 (1:25.000) oder 53 (1:50.000)

Bergstation Sessellift: Gemütliches Berggasthaus mit warmer Küche bis 16 Uhr. Sonnenterrasse mit Dolomitenpanorama. Mittwoch Ruhetag. Tel. 0473 564828
vigilius mountain resort: Exklusives Haus mit einladender Gaststube und Sonnenterrasse; im Restaurant und in der Bar sind Passanten gern gesehene Gäste. Kein Ruhetag. Tel. 0473 556600

8 AUF DEN SPIELER

Vom Ski- und Wandergebiet Meran 2000 läuft ein Höhenrücken sanft nach Süden, bis nach Jenesien, aus. Auf diesem Kamm reiht sich ein Bergbuckel an den anderen. Der erste in der Reihe ist der Spieler mit 2080 m Höhe – ein prächtiger Aussichtsberg, leicht zu ersteigen, mit gut markierten Wegen und daher ein ideales Winterwanderziel für Genießer.

Der Rundweg beginnt am Parkplatz der Umlaufbahn von **Hafling-Falzeben** (1608 m). Zwischen dem Café Panorama und der Talstation geht der rotweiß und mit 51 markierte Weg nach Nordosten ab (Wegweiser: Moschwalder Alm, Maiser Alm). Der **ebene Weg** führt einen rasch vom Trubel an der Talstation weg und in einen **Wald.** Nach ca. 20 Minuten überquert man auf einer Holzbrücke den **Sinicher Bach**. Dem Talgrund folgend, geht's leicht aufwärts und nach 15 Minuten scharf rechts ab. Der immer noch breite Weg wird steiler und quert einen felsigen Hang. Was man bei guter Schneelage nicht erkennt, sind die zum Teil gepflasterten Wegstücke und flachen Stufen an besonders steilen Stellen. Sobald der Weg in die von Hafling heraufkommende Forststraße mündet, erreicht man in wenigen Gehminuten die **Moschwalder Alm** (1760 m; im Sommer bewirtschaftet). Sie liegt auf einem sonnigen Wiesenboden. Weiter geht's durch schütteren Fichtenwald zur **Maiser Alm**

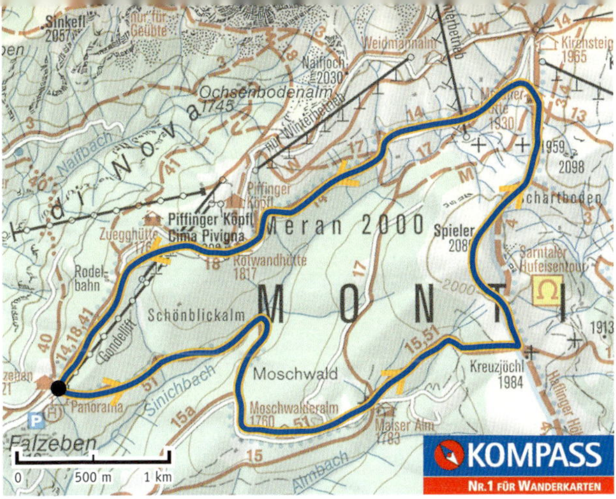

(1783 m; im Sommer bewirtschaftet; Brunnen), die geschützt in einer Wiesenmulde liegt. Ab hier führt der Weg in vielen Kehren und mit wenig Steigung zur Kammhöhe. Dort, beim so genannten **Kreuzjöchl** (1984 m), stehen ein hohes Wegkreuz und eine Bank; es zeigt sich schon ein tolles Panorama. Richtung Norden geht's auf der Kammschneide zur Gipfelkuppe des **Spielers** (2080 m) mit Wetterkreuz und Bank. Der Blick schweift vom nahen und mächtigen Ifinger nach Süden bis zu den Gardasee-Bergen. Die **Meraner Hütte** des AVS (1960 m) ist ab dem Gipfel in 15 Minuten zu erreichen. Von dort ist der Abstieg nach **Falzeben** auf gutem, breitem und fast ebenem Weg in 1½ Stunden zu schaffen – wenn man nicht zu viele Zwischenstopps in den Hütten (Rotwandt-Hütte, Zuegg-Hütte) entlang des Weges einlegt.

Im Dezember liegt auf Meran 2000 meist schon der erste Schnee, die Liftanlagen gehen aber erst zu Weihnachten in Betrieb. Die Zeit vorher ist die ruhigste.

In Kürze

Gehzeit: ca. 4–5 Stunden; Falzeben–Spieler ca. 2 Stunden, zur Meraner Hütte und nach Falzeben zurück nochmals ca. 2 Stunden >> ca. 500 Höhenmeter >> leichte Tour

Von Meran-Naif auf breiter Panoramastraße zum Parkplatz bei Falzeben. Zwischen dem Bahnhof Meran und Falzeben verkehrt auch mehrmals täglich ein öffentlicher Bus.

Kompass-Wanderkarte 055 (1:35.000) oder 53 (1:50.000)

Meraner Hütte (AVS-Hütte): Preiswert, Riesenportionen, Schlafgelegenheit. Ganzjährig geöffnet. Kein Ruhetag.
Tel. 0473 279405
Zuegg-Hütte: Liegt an der Skipiste. Ganzjährig geöffnet. Kein Ruhetag. Tel. 0473 279408

9 AUFS KREUZJOCH

Vom Meraner Hausberg, dem Ifinger, läuft ein welliger Höhenrücken südwärts. Im Sommer ist der über die Almen führende Weitwanderweg E5 Bodensee–Adria viel begangen, im Winter ist man auf den Schneewegen meist alleine unterwegs. Die Rundsicht ist herrlich, der Weg fast eben, die Orientierung unproblematisch – für Schneeschuhwanderer herrschen also ideale Bedingungen.

Vom **Piffinger Köpfl** (2000 m) oberhalb von Hafling-Falzeben folgt man dem auch im Winter viel begangenen Wanderweg zur Meraner Hütte und quert dabei den Sonnenhang und die Skipiste. Der Weg ist meist gut geräumt, da er als Zufahrt für die bewirtschafteten Hütten dient. Bei der **Meraner Hütte** (1960 m) stößt man auf den Weitwanderweg E5, auf dem man über das **Kreuzjöchl** (1984 m) und dann auf dem Höhenrücken südwärts wandert. Über die baumlosen, weiten, welligen Almen geht's geradeaus, immer angenehm auf und ab. Nach einem letzten kurzen Anstieg hat man auf das Kreuzjoch (2086 m) erreicht, das – seinen Namen Lüge strafend – die höchste Bergkuppe der Gegend ist. Der 360-Grad-Rundblick sucht seinesgleichen. Auf der flachen Anhöhe steht ein vom Wetter arg gebeuteltes, schiefes Holzkreuz. Von hier könnte man nach Vöran oder zum Auener Joch und ins Sarntal absteigen oder weiter nach Süden über den Salten bis nach Jenesien wandern. Wir aber schlagen vor, nach einer Teepause kehrtzumachen und wieder zur **Meraner Hütte** und nach **Piffing** zurückzuwandern.

- Wenn man mit dem Sessellift von Piffing zur Waidmann-Alm aufsteigt, verkürzt sich die gesamte Strecke um 45 Gehminuten; die in Sichtweite liegende Meraner Hütte ist nur 20 Minuten von der Waidmann-Alm entfernt.
- Wer von Falzeben gestartet ist oder von dort den Sessellift nach Piffing genommen hat, kann auf dem Rückweg beim Kreuzjöchl (Rastbank, großes Kruzifix) über die Maiser und Moschwalder Alm (Mark. 15) nach Falzeben absteigen. Nach der Moschwalder Alm trifft man auf ein kurzes, gut ausgebautes, aber steiles Stück Waldweg.

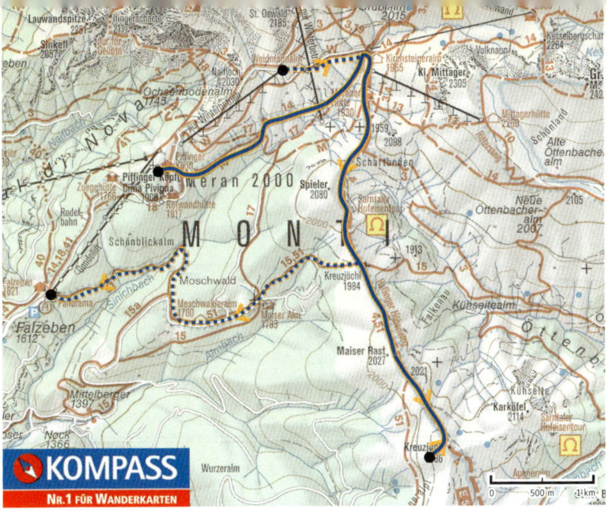

In Kürze

- Gehzeit: ca. 4 Stunden; vom Piffinger Köpfl zur Meraner Hütte ca. 1 Stunde, zum Kreuzjoch ca. 1 weitere Stunde >> ca. 200 Höhenmeter >> leichte Tour

- Mit der Ifinger Seilbahn ab Meran-Naif oder mit dem Sessellift ab Hafling-Falzeben nach Piffing.

- Kompass-Wanderkarte 055 (1:35.000) oder 53 (1:50.000)

- Mehrere Einkehrmöglichkeiten in Hütten auf Meran 2000, in Piffing und in Falzeben.
  Meraner Mütte (AVS-Hütte): Preiswert, Riesenportionen, Schlafgelegenheit. Ganzjährig geöffnet. Kein Ruhetag.
  Tel. 0473 279405

10 ZUR VÖRANER ALM

Hinter Hafling steigen die Berge sanft Richtung Osten bis auf über 2000 m an. Knapp oberhalb der Baumgrenze liegt auf einem sonnigen, nach Süden hin offenen Wiesengelände die Vöraner Alm und bietet einen prachtvollen Blick ins Etschtal und zur Texelgruppe.

Vom Parkplatz Nr. 5 in **Hafling** (ca. 1300 m) geht's kurz nordwärts zum Rathaus und dann auf dem Wanderweg 2/A hinauf zum **Ganthalerhof**, wo ein stattlicher Neubau neben dem über 600 Jahre alten Bauernhof steht. Bis hierher wäre die Autozufahrt erlaubt, der Platz zum Parken ist aber begrenzt und man gewänne nur rund 70 Höhenmeter. Nun beginnt der **Wurzalmweg**, ein anfangs geteerter Forstweg, der immer ostwärts verlaufend zuerst durch Wiesen, an einem Wetterkreuz mit Aussichtsbank vorbei, in einen Fichten-Föhren-Wald führt. Man folgt der Markierung 2, die als Steig den Forstweg mehrmals abkürzt, und kommt so zu den Wie-

sen und der neu errichteten **Wurzalm** (1707 m). Die Alm ist nur im Sommer bewirtschaftet, vor dem Haus plätschert aber auch im Winter munter das Wasser eines Brunnens. Nach einer kurzen Rast geht der Weg in südöstliche Richtung weiter, führt durch lichten Wald und trifft schließlich auf der Höhe der Baumgrenze auf die **Vöraner Alm** (1873 m).

Von der Vöraner Alm erreicht man nach 15 Minuten Wanderung über freies Almengelände den nördlich der Alm und 60 m höher gelegenen Buckel des Vöraner Jochs (1941 m), von wo man einen großartigen Rundblick genießt.

Trotz Winterruhe findet man auf der geschützten Terrasse der Vöraner Alm Tische und Bänke für eine Teepause. Der Rückweg folgt der Aufstiegsroute. Als Variante kann man auch die Forststraße zur **Leadner Alm** (1514 m, auch im Winter bewirtschaftet, Tel. 0473 278136) und ab hier den mit 16 markierten Steig bzw. Weg zum **Gasthaus Brunner** und nach Hafling wählen.

In Kürze

Gehzeit: Aufstieg ca. 2–2½ Stunden, Abstieg ca. 1½ Stunden; bei der Rückkehr über die Leadner Alm etwa 1 Stunde länger >> ca. 600 Höhenmeter >> leichte Tour, gut markiert

Von Meran über Naif nach Hafling zum Parkplatz Nr. 5 an der Straße nach Vöran.

Kompass-Wanderkarte 055 (1:35.000) oder 53 (1:50.000)

Gasthaus Brunner: In der Nähe des Ausgangspunkts (nach Hafling in Richtung Vöran). Neben dem Bauernhof steht das teilweise umgebaute Gasthaus, schöner Aussichtsplatz. Freitag Ruhetag. Tel. 0473 279484
Gasthof Sulfner: Komfortables und gemütliches Haus neben der St.-Kathrein-Kirche kurz vor Hafling. Gute Kuchen, Reitstall, Streichelzoo. Freitag Ruhetag. Tel. 0473 279424, www.sulfner.com

11 ZUR LAUGENALM

Der Gampenpass ist der Übergang vom Südtiroler Etschtal zum Trentiner Nonsberg. Im Nordwesten des Passes erhebt sich der mächtige, 2434 m hohe Laugen, auf dessen Südflanken sich Almen und weite Wälder ausbreiten; mittendrin liegt unser Ziel, die Laugenalm.

Gegenüber dem **Gasthof Gampenjoch** auf 1580 m beginnt die **Forststraße** (Mark. 10, gut beschildert), die durch lichten Wald in 1½ Stunden mit geringer Steigung zu den Häusern der **Laugenalm** (1853 m) führt. Nach etwas mehr als der halben Wegstrecke bietet sich eine kleine Abkürzung auf einem steilen, markierten Steig an. Die im Winter geschlossene Laugenalm liegt auf einer Geländeterrasse; vor dem in der Mitte des 19. Jh. erbauten Haus laden Tische und Bänke zu einem Winterpicknick ein. Hinter dem Haus steigen die felsigen Hänge bis zum Gipfel des Laugen empor. Nach Osten reicht der Blick bis zu den fernen Dolomiten.

Wer eine Zugabe schafft, wendet sich bei der Laugenalm nach Süden, stapft den Zaun entlang, quert einen **Bachgraben** und einen schmalen **Lawinenstrich** (Mark. 10/Obere Alm) und erklimmt nach einem steilen Wiesenstück einen **Sattel** oberhalb der Baumgrenze (bei Neuschnee oder Windverfrachtungen Vorsicht!). Hier öffnet sich der Blick zu den hohen Ultner Bergen, die auf Italienisch „Le Maddalene" heißen. Die Markierung 10/A weist den Sommerweg auf den Laugen, ein anderes Schild zeigt nach Westen zur

TSL®
TSL SPORT EQUIPMENT
325 ESCAPE
Geliefert mit Zahnstangen-Verschluss, l'Escape erlaubt einen schnellen Einstieg und Feineinstellung. Top-Modell außerhalb der Pisten im Gelände.
– Hervorragender Halt
– Antistoll-Platte
– Optimaler Biss im Aufstieg und Abstieg
– 100% natürlicher Bewegungsablauf
Vertrieb :
AMORINI Srl
Via del Rame, 44 – 06077 Ponte Felcino PG
Tel. 075-691193 – Fax 075-5913624
www.amorini.it – amorini@amorini

Malga Pradont bzw. Oberen Alm. Bleiben Sie jedoch auf dem Kamm und wandern Sie weglos nach Süden, zwischen zwei markanten Felsformationen durch und dann leicht abwärts zu einer mit einem einfachen **Holzkreuz** gekennzeichneten Kanzel (ca. 2000 m), von der man einen tollen Blick nach Süden auf den Nonsberg hat. Der Rückweg folgt dem Anstiegsweg.

Bei dieser Tour darf ein Fernglas im Rucksack nicht fehlen, in den sonnigen, grasigen Hängen oberhalb der Baumgrenze halten sich oft ganze Rudel von Gämsen auf.

In dem wenige Kilometer entfernten Ort Unsere Liebe Frau im Walde steht eine viel besuchte Marienwallfahrtskirche. Neben den barocken Altären sind auch die vielen Votivbilder sehenswert.

In Kürze

Gehzeit: Vom Gampenpass zur Laugenalm und zurück ca. 3 Stunden, bei Auf- und Abstieg zum Holzkreuz zusätzliche 1½ Stunden Gehzeit >> bis zur Laugenalm ca. 300 Höhenmeter, zum Holzkreuz weitere 200 Höhenmeter, dieses Stück ist etwas steiler >> leichte Tour

Von Lana oder über Nals und Tisens zum Gampenpass. Parkplatz beim Gasthof Gampenjoch.

Kompass-Wanderkarte 052 (1:40.000) oder 53 (1:50.000)

Mehrere Einkehrmöglichkeiten in Unsere Liebe Frau im Walde. **Gasthaus Gampenjoch:** Einfaches Gasthaus direkt an der Pass-Straße. Freitag Ruhetag. Tel. 0473 886148

12 RUND UM DIE LANGFENN

Die Bergkuppe Langfenn gehört wohl zu den schönsten Plätzen Südtirols. Auf der mit ihren 1526 Metern höchsten Erhebung des Salten, einer welligen, mit Lärchen bestandenen Wiesenlandschaft auf dem Tschögglberg, stehen das Gasthaus Langfenn und die Höhenkirche zum hl. Jakob.

Beim Sattel **Schermoos** im Norden des Langfenner Hügels beginnt ein mit einer Schranke abgesperrter **Forstweg**, der – in südwestliche Richtung, leicht abwärts und durch schütteren Wald verlaufend – die Hügelflanke quert. Beim Hof **Pathoi** tritt der Weg aus dem Wald heraus, vereinigt sich mit einem von Mölten heraufkommenden Weg, zieht sich die Wiesen entlang und strebt in einer weiten, nordostwärts laufenden Schleife (Mark. L) einem **Sattel** am Bergkamm des Salten zu. Dabei quert man den Weg, der den Kamm entlang von Jenesien her zur Höhenkirche und zum Gasthaus von Langfenn führen würde. Wenn man an der Ostseite des Hügels entlang wandert, genießt man schönste Ausblicke zu den Dolomiten und erreicht schließlich wieder den Parkplatz von **Schermoos**.

Von Pathoi lohnt ein Abstecher zur Almwirtschaft Gschnofer Stall (1439 m, am Wochenende auch im Winter bewirtschaftet). Von dort steigt man auf einem gut markierten Steig zum bewaldeten Rappenbichl (1504 m) auf, der in den Karten auch als Rabenhügel oder Rabenbühel eingetragen ist, und nimmt den Kammweg über den Salten bis zur Abzweigung zum Parkplatz von Schermoos.

Einheimische sagen zu den ausgedehnten Lärchenwiesen, dem Kirchlein und dem Gasthaus auf dem Hügel „Lafenn" und nicht „Langfenn". „Fenn" ist vermutlich ein alter Ausdruck für „feuchte Wiese". Tatsächlich befindet sich südlich der Langfenn eine sumpfige Wiese; in einer Senke beim Hof Pathoi, dem Tammmerle-Moos, wurde früher sogar Torf gestochen. Die uralte Kirche im romanischen Stil ist dem hl. Jakob, dem Patron der Pilger, geweiht. Sie soll auf einem früheren heidnischen Kultplatz errichtet sein.

In Kürze

Gehzeit: ca. 2 Stunden, mit Variante über Gschnofer Stall knapp 1 Stunde länger >> ca. 100 Höhenmeter >> sehr leichte Tour

Asphaltstraße von Mölten oder von Jenesien über Flaas zum Parkplatz auf dem Sattel „Schermoos" unterhalb der Langfenn.

Kompass-Wanderkarte 055 (1:35.000) oder 53 (1:50.000)

Almwirtschaft Gschnofer Stall: Sonniger, ruhiger, gemütlicher Platz; gute, einfache Küche. Im Winter nur samstags und sonntags geöffnet. Tel. 0471 668377

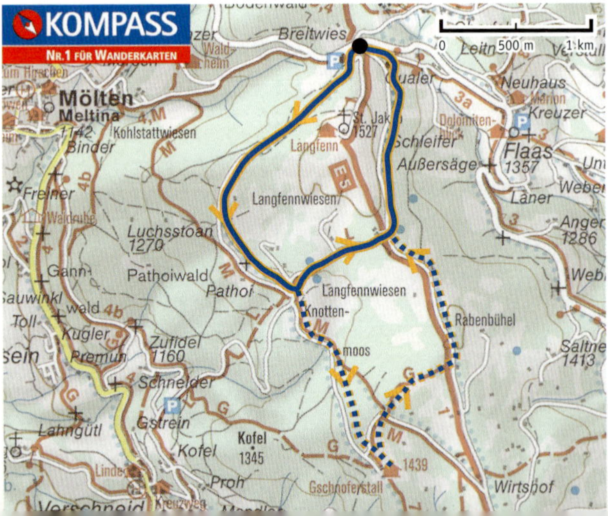

SIE WILL NUR DAS EINE: KLASSE FUTTER
SO WIE SIE DENKEN ALLE 75.000 MILCHKÜHE IN SÜDTIROL. UND DA SIE TÄGLICH UNSERE WERTVOLLE MILCH PRODUZIEREN, GEBEN WIR IHNEN, WAS SIE WOLLEN: FUTTER AUS HEIMISCHER HERKUNFT, 100% AUF PFLANZLICHER BASIS, ABSOLUT GENTECHNIKFREI. DAS IST ES, WAS UNS VON ANDEREN UNTERSCHEIDET, DAS IST DAS GEHEIMNIS SÜDTIROLER MILCH.
SÜDTIROL
GENETICAMENTE NON MODIFICATO
GENTECHNIKFREI
GESUNDE MILCH UND MILCHPRODUKTE. MIT SICHERHEIT AUS SÜDTIROL.
flora & winkler

13 AUF DIE PFATTENSPITZE

Von der Kassianspitze, einem östlichen Vorposten der Sarntaler Alpen, der schon entschieden ins Eisacktal und in den Brixner Talkessel schaut, zieht sich ein niedriger Gebirgsrücken Richtung Durnholzer Tal. Am Ende dieses Gebirgsrückens liegt die Pfattenspitze, ein leichter, aber lohnender Gipfel.

Beim **Durnholzer See** (ca. 1550 m) beginnt der Weg als Höfezufahrt zum **Schacher- und Eggerhof** (1642 m). Von dort führt ein **Forstweg** zu einer Lichtung und einem neuen **Holzschuppen**. Hier biegt man Richtung Osten ab und zieht über die Wiesen hinauf zur **Waldgrenze** und weiter der Pfattenspitze zu, von der das Kreuz schon herunterwinkt. Kurz vor dem Gipfelplateau quert man dichte Latschenfelder, die sich aber bei guter Schneelage unter dem weißen Teppich verstecken. Nach einem letzten, etwas steilen, aber kurzen **Gipfelhang** steht man auf der aussichtsreichen **Pfattenspitze** (2432 m). Für den Abstieg geht es auf dem Kamm noch etwa 400 m ostwärts zu einem weiteren kleinen Gipfel. Nun über die weiten Südhänge hinunter zur Baumgrenze und weiter zu den Holzhütten des **Pfattner Alpls** (2084 m). Ab hier führt ein Forstweg talwärts; auf diesem wandert man durch märchenhafte Lärchenwälder stetig abwärts zum **Radler** (1670 m), dem höchsten der Streuhöfe an diesem Berghang oberhalb von Durnholz. Der Weg wird hin und wieder auch als Rodelbahn benutzt und ist deshalb meist breit gespurt.

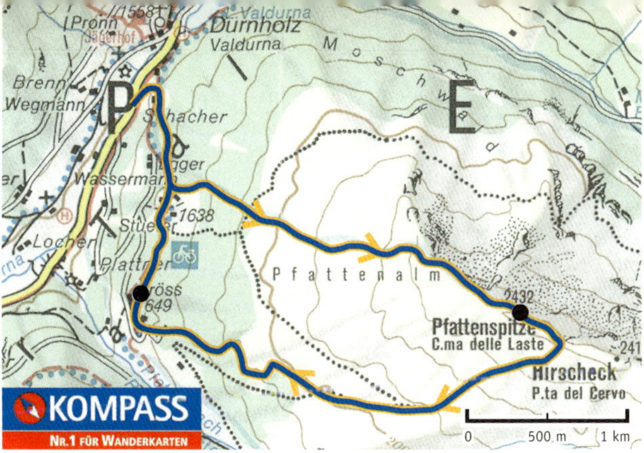

Vom Radler weiter abwärts zum Krösshof (1651 m), einer einfachen Bauernwirtschaft und guten Einkehr, und dann eben (nicht ins Tal absteigen!) nordwärts über den Egger- und Schacherhof zum Ausgangspunkt zurück.

Wer den Aufstieg um 120 Höhenmeter abkürzen will, fährt vom Durnholzer Tal über den Krösshof zum Radler, parkt dort und wählt den beschriebenen Abstiegsweg als Aufstiegsroute.

Die Bauersleute vom Krösshof, die Familie Premstaller, sind als echte Sarner auch geschickte Handwerker. Da werden Pantoffeln, die praktischen „Toppar“ angefertigt; die Alt-Bäuerin trifft man häufig in der Stube hinter dem Spinnrad an, wo sie die Wolle für die originalen Sarner Janker spinnt, die man sich hier auf den Leib stricken lassen kann; der Alt-Bauer ist Drechsler und dreht aus duftendem Zirbenholz Schüsseln und Speckbretteln. Und die junge Bäuerin bäckt hervorragende Kuchen und „Kiechl“, eine typische, süße Sarner Spezialität.

In Kürze

Gehzeit: ca. 4–5 Stunden >> ca. 880 Höhenmeter, etwas steiler Gipfelanstieg; bei Neuschnee oder Windverfrachtungen beginnt man die Tour am besten beim Radler und steigt nur bis zum Pfattner Alpl auf >> mittlere Tour

Von Bozen über Astfeld nach Durnholz im Sarntal. Parkplatz vor Durnholz.

Kompass-Wanderkarte 056 (1:35.000) oder 56 (1:50.000)

Krösshof: Urige, einfache Einkehr oberhalb von Durnholz. Urlaub auf dem Bauernhof. Kein Ruhetag. Tel. 0471 625207
Gasthaus Sonne: Beliebter Tourengeher- und Skifahrertreff in Astfeld. Auch am Nachmittag warme Küche. Dienstag Ruhetag. Tel. 0471 623151

14 AUF DEN SEEBERG-NOCK

Nördlich des Villanderer Bergs, am Fuß der Felsabbrüche, steckt ein kleiner Bergrücken seinen schneeweißen Buckel aus den grünen Wäldern heraus. Für Skitourengeher ist dieses einsame „Bergl" zu wenig steil und aufregend, für Schneeschuhwanderer aber gerade recht, der Aufstieg über die weiten Almwiesen bis zum Totenkirchl ein Vergnügen.

Ausgangspunkt ist beim **Häuslerhof** (ca. 1300 m) in Unterreinswald. Auf der rechten Seite des Getrumbaches steigt man kurz über die Wiesen zu einem kleinen Wasserkanal auf, der Bachwasser einem privaten E-Werk zuführt. Den Kanal und später den Bach entlang geht's ostwärts das **Getrumtal** hinauf zur **Jausenstation der Mühle** (im Winter geschlossen). Der Steig vereinigt sich hier mit dem Weg, der von Reinswald herkommt und einen als **Kreuzweg** zum Prackfieder Jöchl hinaufbringen würde. Etwas später führt eine Brücke über den Bach, man verlässt das Tal und steigt durch Wald in südwestliche Richtung empor. Bei einer **Gabelung** hält man sich **rechts**, verlässt also den Kreuzweg. Dann tritt man aus dem Wald heraus, überquert ein Bächlein und steuert über Almwiesen auf eine bereits gut sichtbare, neu umgebaute Almhütte zu, die **Riebner-Seeberghütt** (2047 m). Von hier überwindet man in 20 Minuten die letzten 120 Höhenmeter, die einen vom **Totenkirchl** (2186 m) am Fuß des Villanderer Bergs trennen. Hier öffnet sich ein überwältigender Blick zu den Dolomiten und über die weiten Hochflächen der Villanderer Alm.

In der einsamen Bergwelt steht auf 2186 m das Totenkirchl, mehr Kapelle als Kirche, denn es fehlt der Glockenturm. Im Sommer wird das Plätzchen viel besucht. In der Nähe wurde in früheren Zeiten Erz abgebaut; am 20 Minuten entfernten Totensee (2208 m) wurde ein Brandopferplatz aus vorchristlicher Zeit entdeckt. Außer dem Kirchlein sind im Winter aber meist sowohl die Zeugen des einstigen Erzabbaus als auch die drei kleinen Seen am Seeberg unter einer hohen Schneedecke verborgen.

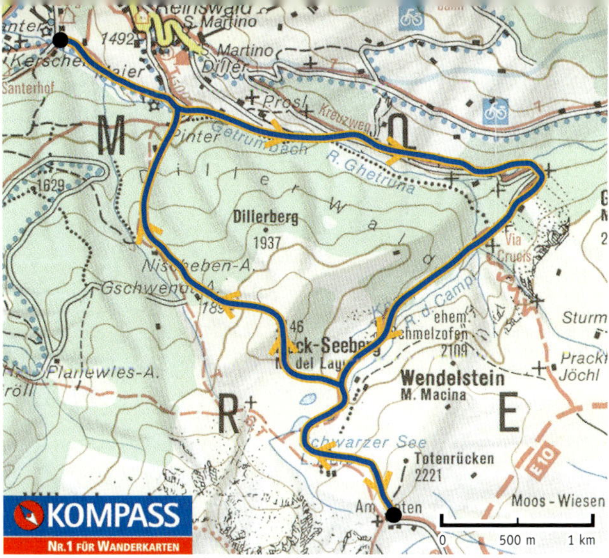

Der Rückweg führt vom Totenkirchl in die Senke westlich der Seeberghütt; es ist der zugefrorene und verschneite **Schwarzsee**. An seinem Westufer geht es kurz auf einen **Sattel** und dann nordwärts zur 2146 m hohen Kuppe des **Seebergnocks**. Über dessen steile Wiesen auf der Westseite (bei viel Schnee zurück zum Sattel und auf dem Sommerweg, Mark. T) zu einer **Almhütte am Waldrand**. Hier beginnt ein Forstweg, der zum Pinterhof und zur Gatterer Säge im **Getrumtal** führt, durch das man zum Ausgangspunkt zurückwandert.

Wer sich 350 Höhenmeter Aufstieg ersparen will, startet in Reinswald (Parkplatz Skigebiet) und nimmt den breiten Weg zum Getrumbach, der sich dort mit dem Almweg zum Totenkirchl vereinigt.

In Kürze

Gehzeit: Aufstieg ca. 2½ Stunden, Abstieg ca. 2 Stunden >> ca. 880 Höhenmeter >> mittlere Tour

Von Bozen über Astfeld ins Durnholzer Tal, einem Seitental des Sarntal. Zur Bar Waldheim in Unterreinswald, über den Durnholzer Bach zum Häuslerhof, wo man das Auto stehen lässt.

Kompass-Wanderkarte 056 (1:35.000) oder 56 (1:50.000)

Pizzeria Gasthaus Santerhof: Beliebte Einkehr in Unterreinswald in unmittelbarer Nähe des Ausgangspunkts, wo sich die Skifahrer vom Reinswalder Skigebiet zum Ausklang des Tages treffen. Donnerstag Ruhetag. Tel. 0471 625187

15 AUF DEN ÖTTENBACHER BERG

Im Nordwesten von Sarnthein liegt der sonnige, einsame und überaus aussichtsreiche Öttenbacher Berg mit seinem ausgedehnten Almengebiet. Er ist ein Ausläufer der Meraner Hausberge Ifinger und Hirzer, zu dessen Füßen das Skigebiet von Meran 2000 liegt.

Vom **Obermarcher** (1638 m), dem letzten Hof der Streusiedlung von Öttenbach, die sich am sonnigen Hang oberhalb von Sarnthein bis fast zur Baumgrenze hinzieht, geht man auf einer breiten **Forststraße** wenige Minuten bergauf. Bei einem großen hölzernen **Gatter** verlässt man die Straße, biegt nach rechts und wandert auf einem **Güterweg** stets mäßig steigend ostwärts am Waldrand hinauf zur **Neuen Öttenbacher Alm**. Man überquert einen **Wiesenboden** und schwenkt dann nach Osten, einem **Höhenrücken** und dem flachen Gipfelplateau zu. Gehzeit bis hierher 1¾ Stunde. Auf dem **Öttenbacher Berg** (2137 m) ragt ein hölzernes Kreuz in den Himmel, ein behauener Stamm dient als Sitzbank. Fantastische Aussicht zu den Dolomiten, nach Süden ins Tal und auf das Dorf Sarnthein.

Unser Weg führt zurück, westwärts bis zur Senke und hier auf dem Kamm hinauf zur **Sambach-Scharte**. In Sichtweite liegen die Bergstation des Mittagerlifts und die neue Mittagerhütte. Um dem Skifahrertrubel auszuweichen, quert man von der Sambach-Scharte den Hang in westlicher Richtung, geht dabei 100 Höhenmeter ab-

wärts, bis man auf einen Forstweg stößt, der – von der Öttenbacher Alm kommend – zur **Unteren Scharte** (1964 m) führt. Dort öffnet sich der Blick auf das Skigebiet Meran 2000; in wenigen Minuten hat man die **Meraner Hütte** (1960 m) erreicht, eine gemütliche Einkehrstation und das zweite Ziel dieser Wanderung. Gehzeit ab Öttenbacher Berg gut 1 Stunde.
Der Rückweg geht wieder zurück zur **Unteren Scharte**, wo man den Weg Nr. 3 zum **Obermarcher** nimmt. Achtung bei der Scharte, nicht den fast ebenen, breiten Weg zur Öttenbacher Alm nehmen, sondern auf der linken Talseite absteigen; der alte Almweg führt über gestuftes Gelände in rund 1 Stunde zum Ausgangspunkt zurück.

In Kürze

Gehzeit: ca. 4–5 Stunden >> ca. 550 Höhenmeter >> leichte Tour

Im Norden von Sarnthein von der Staatsstraße über die Brücke in die Handwerkerzone und am nördlichen Bachrand auf der geteerten Höfezufahrt 8 km in vielen Kurven und Serpentinen hinauf zum Obermarcher Hof, dem letzten Hof der Streusiedlung von Öttenbach. Hier endet die im Winter geräumte Teerstraße.

Kompass-Wanderkarte 056 (1:35.000) oder 53 (1:50.000)

Meraner Hütte (AVS-Hütte): Preiswert, Riesenportionen, Schlafgelegenheit. Ganzjährig geöffnet. Kein Ruhetag. Tel. 0473 279405

16 AUF DEN KARKOFEL

Im Westen von Sarnthein ragt ein weißer Buckel über den dunkelgrünen Wäldern auf und schaut direkt auf das Dorf herunter. Es ist der Karkofel, ein leicht zu besteigender, schöner Aussichtsberg.

Bei der **Sarner Skihütte** (1614 m, im Winter geschlossen) nahe dem Auener Hof beginnt der Fußweg Nr. 2 zur **Auener Alm** (1788 m, Winterruhe) und zum **Auenjoch** auf 1924 m. Dort biegt der Weg nordwärts über baumlose Almen ab. Nach rund 20 Minuten Aufstieg erreicht man ein flaches **Jöchl** (2065 m), nach einer weiteren Viertelstunde Wanderung über welliges, von einzelnen großen Felsblöcken durchsetztes Gelände in nordöstliche Richtung steht man auf der 2114 m hohen Kuppe des **Karkofels**. Tief unten liegt Sarnthein, gegenüber die Sarner Scharte, dahinter die ganze Dolomitenpracht, im Rücken reiht sich ein Berg an den anderen, so weit das Auge reicht: vom Mendelkamm bis zum Ortler. Rückweg über die Aufstiegsroute.

Wem dieser Ausflug zu kurz ist, kehrt vom Karkofel zurück zum Jöchl, wendet sich hier nach Norden, trifft kurz darauf auf den Europäischen Fernwanderweg E5 und wandert auf diesem weiter nach Norden in Richtung Skigebiet Meran 2000. Nicht beim Kreuzjöchl (Sitzbank, großes Wegkreuz) auf dem steilen Sommerweg nach Sarnthein absteigen, sondern erst bei der Unteren Scharte (1964 m), in Sichtweite des Skigebietes, auf Weg 3. Nach rund 250 Höhenmetern

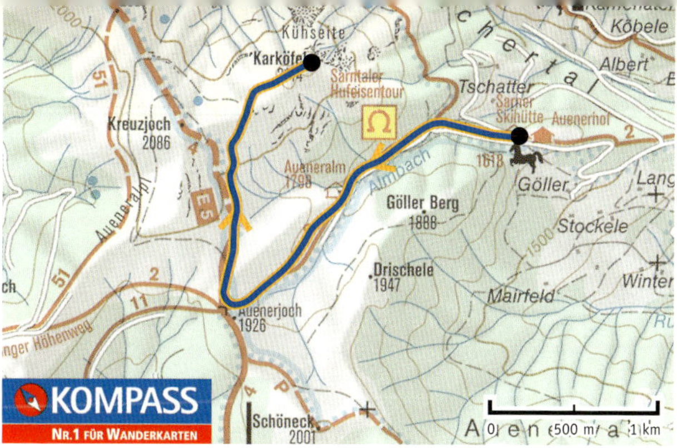

Abstieg quert man den Öttenbach und geht auf der rechten Talseite, der „Kuhseite", an der neuen Tschatter-Almhütte vorbei zum Ausgangspunkt zurück. Für diese Variante benötigen Sie zusätzliche 1½–2 Stunden.

In Kürze

Gehzeit: ca. 2–3 Stunden >> ca. 500 Höhenmeter >> leichte Tour

Vorbei an der Kirche von Sarnthein führt eine asphaltierte Straße westwärts auf den Berg, der Weg zum Auener Hof ist gut beschildert; nahe beim Hotel liegt die Sarner Skihütte, dort ist die Fahrt zu Ende.

Kompass-Wanderkarte 056 (1:35.000) oder 53 (1:50.000)

Auener Hof: Berghotel, Reiterhof, gutes Restaurant in guter Aussichtslage. Montag Ruhetag. Tel. 0471 623055
Gasthaus Höllriegl: In Sarnthein, Klara-von-Pöltl-Weg 9. Mittwoch Ruhetag. Tel. 0471 623077

17 ZU DEN STOANERNEN MANDLN

Diverse Sagen ranken sich um die frei stehende Bergkuppe im Südwesten Sarntheins. Auf der Hohen Reisch „wachsen" unzählige, bizarre Steinsäulen aus aufgeschichteten Felsplatten in den Himmel – die Stoanernen Mandln. Der Aufstieg zu ihnen ist auch im Winter leicht und problemlos.

Mehrere Wege führen zu den Stoanernen Mandln, unsere Route startet bei der Sarner Skihütte. Der Weg ist größtenteils deckungsgleich mit jenem, der auf den Karkofel (vgl. Nr. 16) führt: von der **Sarner Skihütte** (1614 m, im Winter geschlossen) nahe dem Auener Hof auf dem Fußweg Nr. 2 zur **Auener Alm** (1788 m, Winterruhe) und zum **Auenjoch** (1924 m). Beim Auenjoch geht der Weg südöstlich zum nahen **Gipfelplateau** (2003 m) mit den unzähligen Steintürmchen. Ab Auenjoch 30 Minuten Gehzeit. Zurück auf demselben Weg.

Niemand weiß genau, wie alt die 2–3 m hohen Steinsäulen aus aufgeschichteten Felsplatten, die Stoanernen Mandln (Stein-Männchen), sind und wer sie errichtet hat. Vor un-

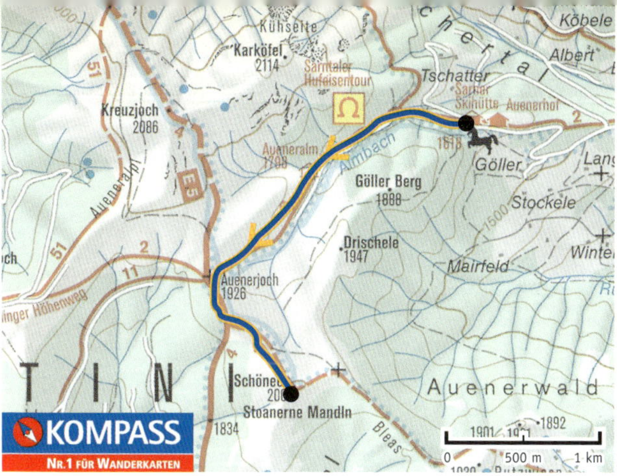

denklichen Zeiten sollen sich hier die Hexen getroffen und Gewitter mit Blitz und Hagel zusammengebraut haben. Die Pachlerzottel, eine Frau aus dem Sarntal, gestand die Hexerei. Schriftliche Aufzeichnungen ihres Prozesses belegen, dass es bereits im fernen Jahr 1540 die Stoanernen Mandln auf der Hohen Reisch gab.

In Kürze

i Gehzeit: ca. 2–2½ Stunden >> ca. 400 Höhenmeter >> leichte Tour

Alle anderen Angaben siehe Wanderung Nr. 16 (Karkofel)

18 AUF DEN GANTKOFEL

Die gewaltige Felsbarriere des Mendelkamms bildet im Südwesten Südtirols die Grenze zum Trentino. Den von der Südtiroler Seite so unnahbaren Gipfel des Gantkofels, eines der schönsten Aussichtsberge des Landes, kann man von der Trentiner Seite her bequem erwandern.

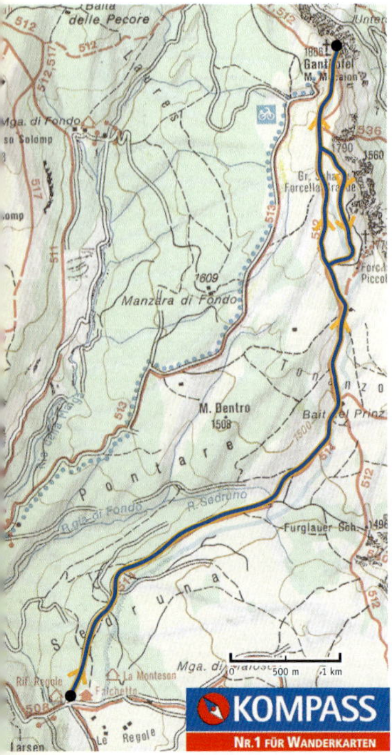

Der Mendelkamm mit seinen teilweise über 2000 m hohen Gipfeln fällt im Westen sanft in Wiesen und Wäldern zum Nonsberg hin ab. Eine seiner markantesten Erhebungen ist der Gantkofel mit 1865 m. Die Wanderung zu diesem einmaligen Aussichtsberg beginnt auf den Wiesen von Regole bei den Ausflugsgasthäusern **Rifugio Regole** und Falchetto (1320 m). Dieses Gebiet ist bei Langläufern und Wanderern sehr beliebt. Der für den Verkehr gesperrte **Forstweg** ist rotweiß und mit 514 markiert. Er läuft kaum merklich steigend in nordöstliche Richtung, durch schönen Mischwald mit mächtigen Weißtannen, Fichten und Lärchen, dem Gantkofel (ital. Macaion) zu. Der promenadenartige Weg verläuft am Rande einer Hochfläche, gegen Westen blickt man ins obere Val di Non, das auf Deutsch Nonsberg heißt.

Nach rund 1½ Stunden erreicht man einen Wiesenboden mit einer verfallenen Almhütte, die den hochtrabenden Namen **Baita del Prinz** führt (1530 m, Quelle, Wasserstelle in der Nähe). Ab hier wird der Weg schmaler, um später – nach Überwindung einiger etwas steilerer Wegstellen – nur mehr als Steig weiterzuführen; er ist jetzt mit 512 markiert. Kurz vor dem Gipfel erhascht man durch eine **Scharte** einen ersten Blick ins Südtiroler Überetsch; kurz danach steht man auf dem flachen **Gipfelplateau** (1865 m). In der Nähe befindet sich eine kuppelartige Antennenanlage. Vorsicht, nach Osten fallen die Felswände über 1000 m senkrecht in die Tiefe! Die Aussicht ist wahrlich atemberaubend, es gibt nicht viele Berge, die solche Panoramablicke bieten. Zurück auf der Aufstiegsspur.

Wer die herrliche Aussicht länger genießen will, wandert auf dem Rückweg bei guter Schneelage kurz nach dem Gipfel etwa 20 Minuten auf dem Kamm bis zur Kemat-Scharte (1700 m). Hier trifft man wieder auf den Weg 512, der zu den Wiesen von Regole zurückführt.

In Kürze

Gehzeit: Aufstieg ca. 3 Stunden, Abstieg ca. 2½ Stunden >> ca. 400 Höhenmeter >> leichte Tour, auch bei hoher Schneelage sind die an den Bäumen angebrachten Markierungen und Schilder gut zu erkennen.

Vom Mendelpass Richtung Fondo. Vor der Ortschaft Malosco, kurz nach dem Ristorante Orso Grigio an der Mendelstraße, zweigt rechts eine beschilderte, schmale Teerstraße zum Rifugio Regole und Rifugio Falchetto ab. Parkplatz ist reichlich vorhanden.

Kompass-Wanderkarte 685 (1:25.000) oder 95 (1:50.000)

Rifugio Ristorante Regole: Typische Trentiner Hausmannskost, durchgehend warme Küche. Ganzjährig geöffnet. Tel. 0463 870114
Rifugio Falchetto: Das in der Nähe gelegene Haus wetteifert mit dem Rifugio Regole um die Gunst der Gäste. Kein Ruhetag. Tel. 0463 870188

19 AUF DEN ROEN

Der Roen ist mit 2116 m die höchste Erhebung des Mendelkamms. Nach Osten fällt der Berg bedrohlich steil und felsig ab. Vom Mendelpass her aber kann man ihn über einen zwar langen, aber harmlosen Weg erwandern. Auf dem Gipfel erwartet Sie einer der schönsten Panorama-Rundblicke Südtirols.

Man startet direkt am **Mendelpass** (1363 m) und folgt dem rotweiß markierten Weg 521 in südliche Richtung. Der Weg schlängelt sich den Kamm entlang, es geht immer leicht bergan durch Mischwald mit mächtigen Buchen, Tannen, Fichten und Lärchen, bis zur **Enzianhütte** (1409 m, im Winter geschlossen). Dann quert man eine Sessellift-Anlage und die Skipiste und erreicht schließlich die auch im Winter bewirtschaftete **Halbweghütte** (1650 m). Bis hierher braucht man vom Mendelpass etwa 1¼ Stunden.

Der Name der Hütte ist irreführend, man hat nicht die Hälfte des Weges zum Gipfel, sondern erst die Hälfte der Strecke zur nächsten Alm, der Malga Romeno, zurückgelegt. In einer weiteren guten Stunde hat man die Almhütten und die kleine Kapelle der **Malga Romeno** (1768 m; im Winter geschlossen) erreicht. Jetzt geht es nochmals kräftig bergauf, nach 45 Minuten steht man auf der baumlosen **Gipfelkuppe** mit einer kleinen Marienstatue und einer Metallstele. Vorsicht, die Felsen fallen zum Etschtal hin senkrecht ab! Das Panorama ist atemberaubend, der Roen wetteifert mit dem Gantkofel und dem Rittner Horn um den Spitzenplatz bei den Aussichtswarten Südtirols. Rückweg wie Aufstiegsroute.

SÜDTIROLER SPECK GGA*:
NUR MIT DIESER MARKE.
Speck Alto Adige I.G.P.
Südtiroler Speck G.G.A.
SÜDTIROL
Indicazione Geografica Protetta
Geschützte Geographische Angabe
SÜDTIROLER-SPECK-ALTO ADIGE
www.speck.org
*Geschützte geografische Angabe.
Südtiroler Speck GGA*: die beste Qualitätsgarantie für Speck.

Sie können den Aufstieg um 1 Stunde und 200 Höhenmeter abkürzen, wenn Sie mit dem Sessellift von den Golfwiesen (vom Mendelpass auf guter Teerstraße zu erreichen) zur Halbweghütte hochfahren.

Von Kaltern/St. Anton fährt eine Standseilbahn auf den Mendelpass. Die Bahn wurde im fernen Jahr 1903 erbaut und überwindet 837 Höhenmeter, bei einer Steigung von bis zu 60 %. Fast wie mit einem Aufzug geht es in kurzer Zeit in luftige Höhen. Infos: Tel. 0471 962610

In Kürze

Gehzeit: Aufstieg ca. 3–3½ Stunden, Abstieg ca. 2–2½ Stunden >> ca. 750 Höhenmeter >> lange, aber leichte Tour

Vom Überetsch auf der Mendelstraße zum Mendelpass.

Kompass-Wanderkarte 685 (1:25.000) oder 95 (1:50.000)

Halbweghütte: Gemütliches Ausflugslokal mit vielen unterschiedlichen Teesorten im Angebot. Mittwoch Ruhetag. Tel. 0471 632221

20 UNTERWEGS AM FUSSE DES ROSENGARTENS

Der sagenumwobene Rosengarten, Inbegriff bizarrer Dolomitenberge und ein Symbol für Südtirol, ragt hinter dem Dörfchen Tiers in den Himmel. Oberhalb des grünen Waldgürtels, zu Füßen der Laurinswand und der schlanken Vajolet-Türme, liegt die Hanicker Schwaige: das Ziel dieses Ausflugs.

An der Straße von Tiers zum Nigerpass, bei **Purgametsch** auf 1500 m Höhe, biegt in einer Rechtskehre eine mit einer Schranke versperrte **Forststraße** ab. Man folgt dieser Straße (Mark. 7, Hanicker Schwaige) bis zu einem **Bachgrund**, wo eine alte Almhütte steht. Hier steigt man aus dem Wald heraus und geht steil über die mit einzelnen Zirbelkiefern und Lärchen bestandenen **Angel-Wiesen** auf die Geländeschulter zu, die sich von den Rosengartenwänden herabzieht. Die Felsen der Laurinswand steigen neben einem rund 1000 m in die Höhe und die Aussicht hier oben ist grandios: Im Westen liegt im Dunst die Stadt Bozen, dahinter erkennt man die Mendel und in der Ferne die Ortlergruppe.
Der Weg führt weiter zur **Hanicker Schwaige** (1873 m, Winterruhe), die geschützt in einer Mulde liegt. Für den Abstieg benutzt man den mit 7 markierten Weg, der auf die **Angel-Wiesen** zuführt und in die **Aufstiegsspur** mündet.

Vom Cyprianer Hof fährt ein Skibus um 9 Uhr nach Purgametsch. Zurück zum Cyprianer Hof auf dem mit einer 7 und einem Schneeschuhsymbol markierten Weg über Plafetsch (oder Plafötsch).

Eigene Schilder und Symbole weisen diese Route als Schneeschuhwanderweg aus; sie geht durch sicheres Gelände. Ein Motorschlitten spurt im Winter Teile der Strecke. Vom Begehen der vielen Sommerwege wird abgeraten, das Gelände ist teilweise steil und führt über freie, lawinengefährliche Hänge!

In Kürze

Gehzeit: Aufstieg ca. 2–2½ Stunden, Abstieg ca. 1½ Stunden >> ca. 500 Höhenmeter >> mittlere Tour mit einigen Steilstücken

Von St. Zyprian, einem Ortsteil von Tiers, 3,5 km auf der Nigerstraße bis zur Serpentine auf 1500 m Meereshöhe.

Kompass-Wanderkarte 628 (1:25.000) oder 59 (1:50.000)

Hotel Cyprianer Hof: An der Nigerstraße. Restaurant auch für Passanten und Wanderer, Kinderspielplatz. Herr Damian, der Hotelier, unternimmt selbst Schneeschuhausflüge mit seinen Gästen und kennt das Gebiet bestens; er gibt bereitwillig Tipps und Auskünfte. Kein Ruhetag. Tel. 0471 642143

DAS WAR ABER KNAPP.
GLÜCK GEHABT?
Blauhaus Bozen
STIMPFL VERSICHERUNGEN ASSICURAZIONI
39100 BOZEN
SERNESISTRASSE 10
TEL. 0471 317300
FAX 0471 317377
INFO@STIMPFL.IT

21 AUF DEN PUFLATSCH

Eingerahmt von markanten Dolomitengipfeln wie Schlern, Lang- und Plattkofel, bietet das offene, weite und sonnige Gelände der Seiser Alm ein unvergleichliches Naturerlebnis. Der Puflatsch liegt im äußersten Westen des Almgeländes; er ist ein ebenso lohnender wie leicht zu besteigender Buckel mit einem aussichtsreichen Hochplateau.

Die Wanderung beginnt in **Compatsch** (ca. 1850 m), der kleinen Hotelsiedlung im Westen der Seiser Alm. An der Bergstation der Umlaufbahn vorbei läuft der Weg in westliche Richtung zunächst parallel zur Rodelbahn, er zweigt dann von dieser links ab und führt bis zur **AVS-Hütte** (1950 m). Von dort zieht sich der gespurte und ausgeschilderte Weg über freie Wiesen gegen Nordwesten und führt leicht ansteigend am Rand des weiten Almgeländes entlang und an mehreren Almhütten vorbei zur **Arnika-Hütte** (2061 m). Wer gerne mit den Schneeschuhen weglos über die Wiesen stapft, bleibt am Almenrand oberhalb der Waldgrenze und folgt dem vom Alpenverein Südtirol (AVS) rotweiß markierten Steig; auch wenn die Markierungspunkte spärlich sind, fällt die Orientierung leicht. Die Aussicht zum nahen Felsmassiv des Schlern, über das Eisacktal, zum Bozner Talkessel und zu den fernen Bergen der Adamello- und Ortlergruppe ist grandios. Richtung Kastelruth fällt das Gelände in einer steilen Felsstufe senkrecht ab. Gegen Osten breiten sich sanfte verschneite Wiesen aus, dazwischen ducken sich hölzerne, vom Wetter gezeichnete Almhütten in die Mulden – eine Kulisse wie auf Weihnachtspostkarten. Nach der Arnika-Hütte steigt der Weg zum **Goller Kreuz** (2104 m, Rastbank) und zu den Felsformationen der Hexenbänke an.

Der flache **Puflatsch-Buckel** ist gut zur Hälfte umrundet, wenn man am nördlichsten Punkt, dem **Fillner Kreuz** (2130 m), steht. Tief unten liegt Pufels, vom Grödner Tal winken die Häuser von St. Ulrich herauf. Im Osten breitet sich die ganze Pracht des Dolomitenpanoramas aus. Der Weg geht jetzt südwärts, zur bereits gut

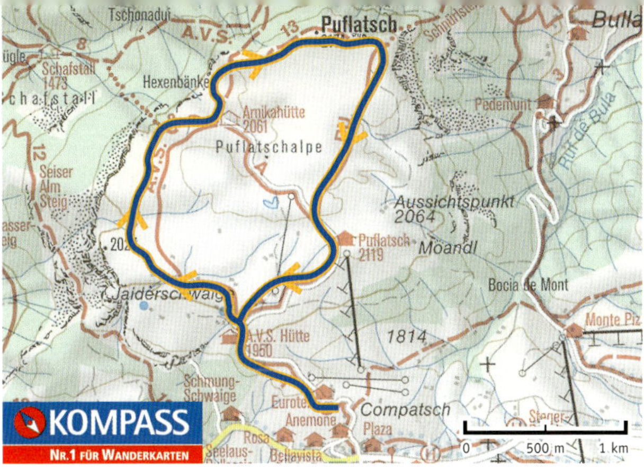

sichtbaren Puflatsch-Hütte (2119 m) an der Bergstation des Sessellifts von Puflatsch. Hier wendet man sich nach rechts und gelangt über Wiesen sowie die Rodelbahn und eine flache Skipiste querend zur Talstation des Schlepplifts „Kleine Hexe". Weiter abwärts geht's zurück zur AVS-Hütte, deren Fahne wieder den Weg weist. Von hier nach Compatsch, zur Bergstation der Umlaufbahn nach Seis, ist es nur mehr ein Katzensprung.

Die sagenumwobenen Hexenbänke in exponierter Gipfellage sind eigenartige, stufenförmige Felsformationen, wo sich einst nach dem Volksglauben die Schlernhexen versammelten.

Wer gerne mit Schneeschuhen wandert, sollte den mit der Pistenraupe gespurten und ausgeschilderten Weg verlassen und das freie Gelände der Puflatsch-Alm erwandern: Die weiten und flachen Wiesen sind geradezu ideal dafür.

In Kürze

Gehzeit: ca. 3½ Stunden >> ca. 300 Höhenmeter >> leichte Tour

Mit dem PKW ist die Zufahrt auf die Seiser Alm nur bis 9.30 Uhr erlaubt. Bequemer und umweltschonender ist die Anfahrt mit der Umlaufbahn ab Seis.

Kompass-Wanderkarte 628 (1:25.000) oder 54 (1:50.000)
Eine kostenlose Wanderkarte mit brauchbarer Winter- und Sommerkarte liegt in allen Hütten der Seiser Alm kostenlos auf.

AVS-Hütte: Gemütliches Haus abseits vom Trubel, Sonnenterrasse. Montag Ruhetag. Tel. 0471 727834, www.puflatschhuette.it
Arnika-Hütte: Geschützte, sonnige Lage, Hüttenatmosphäre, Sonnenterrasse. Samstag Ruhetag. Tel. 0471 727812, www.arnikahuette.com
Puflatsch-Hütte: Stattliches Haus, auch am Abend für Grillfeste geöffnet, anschließend Rodeln oder Schneeschuhwandern im Mondschein. Kein Ruhetag. Tel. 0471 727822

22 ZUM DIALER AUF DER SEISER ALM

Die Seiser Alm, das prächtige Hochplateau mitten in den Dolomiten, ist nicht nur von Seis, sondern auch vom Grödner Tal aus bequem erreichbar. Auf den westlichen Ausläufern des Plattkofels liegt vor einer prachtvollen Kulisse das Berggasthaus Dialer, ein bequem erreichbares Ziel für Schneeschuhwanderer.

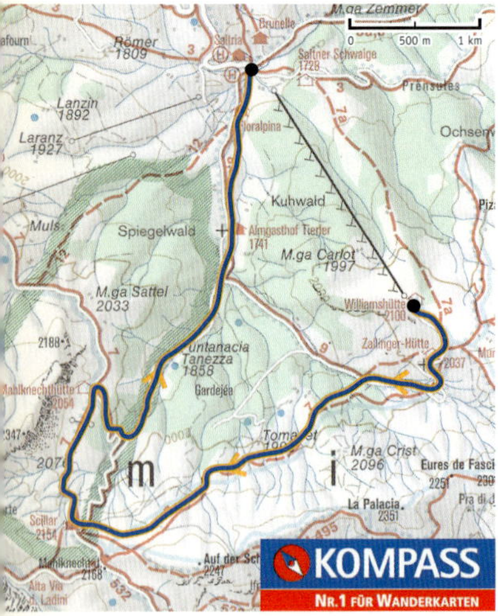

Die Schneeschuhe werden auf 2100 m angeschnallt, bei der **Williamshütte** an der Bergstation des von Saltria heraufführenden Florian-Sessellifts. Auf dem Rodel- und Skiweg geht's 10 Minuten abwärts Richtung Süden zur **Zallinger Hütte**, wo man nach der Williamshütte bereits zum zweiten Mal einkehren könnte. Auf dieser Wanderung braucht niemand darben, man kommt noch an mehreren geöffneten Raststationen vorbei! Vom Zallinger (2037 m) weiter auf der Rodelbahn abwärts, über eine Holzbrücke, wo man die mit 7 markierte Abzweigung zur Mahlknechthütte nicht beachtet (Sommerweg), sondern noch kurz auf der Rodelbahn abwärts wandert, bis links ein markierter und beschilderter Weg (wieder Mark. 7) zur Mahlknechthütte abzweigt. Er führt immer leicht steigend, über Wiesen, oberhalb der zwei Almhütten der **Thomaseth-Schwaige** (1998 m) vorbei, den Zaun entlang, ober die Baumgrenze hinauf. Der hohe Fahnenmast der neuen **Schweigkofler-Almhütte**, die hinter einem Hügel hervorlugt, weist von weitem den Weg. Dort trifft man auf einen breiten Fahrweg, der einen in kurzer Zeit zum **Gasthaus Dialer** (2143 m) bringt, das in den Karten auch als Seiser-Alm-Haus eingetragen ist. Wenn die Schneeverhältnisse gut sind und der Weg schon begangen wurde, erreicht man ab Dialer auf einem gespurten Steig, der steile Hänge und einen Bachgraben quert, in 20 Minuten die **Mahlknechthütte**. Bei viel Neuschnee hierher ab Dialer auf dem Rodelweg. Von der Mahlknechthütte auf dem Rodel- und Winterwanderweg, vorbei am **Almgasthof Tirler** (1741 m),

in 1½ Stunden hinunter nach Saltria (1700 m). Von dort mit dem Skibus zurück nach Monte Pana.

Beim Gasthaus Dialer und bei der Mahlknechthütte gibt's Rodeln zu leihen, mit denen man zu Tal sausen kann.

Ein wohlhabender Bayer errichtete vor über 100 Jahren das Dialer- bzw. Seiser-Alm-Haus und plante es als Nobelherberge; damals gab es hier sogar ein kaiserlich-königliches Postamt! Nach einem Brand wurde das Haus neu aufgebaut, 1938 kam es im Zuge der Kriegswirren an eine italienische Behörde, landete dann beim italienischen Touring-Club und gelangte schließlich in Südtiroler Besitz.

In Kürze

Gehzeit: ca. 4–5 Stunden >> ca. 250 Höhenmeter >> leichte Tour

Von St. Christina im Grödner Tal mit dem Sessellift, dem Skibus oder dem eigenen Auto auf geräumter Teerstraße auf den Monte Pana (1650 m). Von dort mit dem Skibus (Abfahrt jede halbe Stunde ab 9.30 Uhr, Infos: Tel. 0471 706633) bis Saltria und dann mit dem Florian-Vierersessellift zur Williamshütte auf 2100 m.

Kompass-Wanderkarte 616 (1:25.000) oder 54 (1:50.000)

Gasthaus Dialer bzw. **Seiser-Alm-Haus:** Eigenwillige Architektur, große Sonnenterrasse, einfacher Speisesaal mit tollem Ausblick, Zimmer, Abholdienst mit Pistenraupe. Kein Ruhetag. Tel. 0471 727922
Mahlknechthütte: Gemütliches Almgasthaus, grandioses Panorama, Terrasse, Zimmer, Abholdienst mit Pistenraupe. Kein Ruhetag. Tel. 0471 727912, www.mahlknechthuette.com (Live-Webcam)
Almgasthof Tirler: Nahe der Talstation des Florian-Sessellifts. Geräumiges, rustikales Haus mit Alm-Charme, Panorama-Terrasse, Zimmer. Kein Ruhetag. Tel. 0471 727927, www.tirler.com

23 AUF DIE RASCHÖTZ

Die Raschötz ist ein bewaldeter Rücken aus rotem Porphyr, der das Gröden- vom Villnösstal trennt. Auf dem Kamm breiten sich sonnige Almen aus: ein ideales Gelände für leichte Schneeschuhwanderungen.

Ein etwas altmodischer Einzel-Sessellift bringt einen von **St. Ulrich** bequem auf 2103 m (🍴 Restaurant). Dort schlägt man den Weg Richtung Secëda ein. Von den nahen und im Winter geschlossenen Hütten der **Saltner Schwaige** (Ciason-Hütte) gelangt man zu einem **Sattel** mit Tisch, Bank und einem großen Holzkreuz. Von hier wandert man in nordwestliche Richtung auf dem **Kamm** bergauf. Die Orientierung gelingt problemlos, meist finden sich Steigspuren, man strebt einfach dem höchsten Punkt des Berges zu. Es geht an einem mächtigen **Turm** aus aufgeschichteten Steinen vorbei, nach einer halben Stunde steht man auf der 2278 m hohen **Gipfelkuppe**. Während die Raschötz nach Süden sanft abfällt, stürzen im Norden die Wände steil ins Villnösstal ab. 360-Grad-Rundblick zu den Dolomiten, ins Eisacktal, zu den Sarntaler Alpen und bis zu den fernen Bergen im Westen! Auch das nächste Ziel der Wanderung hat man schon vor Augen: das **Raschötzer Kreuz** (2170 m) auf einer Kuppe im Westen, die man in 30 Minuten erwandert. Das riesige Kruzifix mit der lebensechten Christusfigur an dieser exponierten Stelle beeindruckt. Man steigt nun nach Süden ab und ist in rund 10 Minuten bei der **Kapelle zum Heiligen Kreuz** (Tschan-Kirchl), die 1755 von dem aus Lajen stammenden Jakob Ch. v. Ingram erbaut wurde.

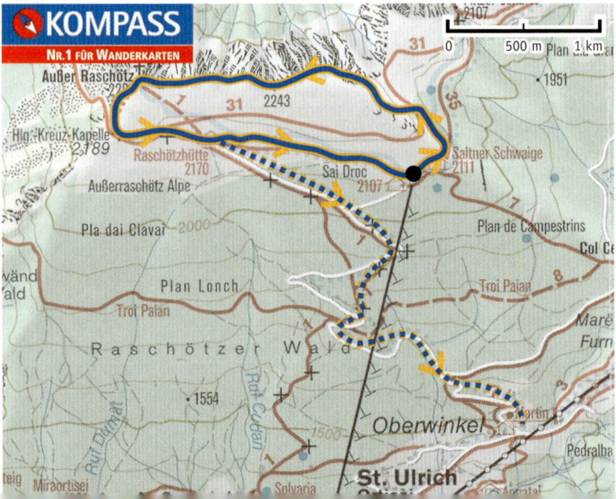

Ab hier ostwärts auf einem Wanderweg (Nr. 31; ab Raschötzer Hütte Nr. 35) in 45 Minuten zurück zur Bergstation des Lifts. Am Weg trifft man in einer sonnigen Mulde auf die im Winter geschlossene **Raschötzer Hütte** (2170 m), gerade recht, um sich in ihrem Schutz hinzusetzen und die Tour gemütlich ausklingen zu lassen.

Wer die Tour etwas verlängern möchte, kann von der Raschötzer Hütte auf guten Wanderwegen nach Oberwinkel (ca. 1500 m), einem Ortsteil von St. Ulrich, und dann zum Ausgangspunkt absteigen.

Schon während der Fahrt mit dem Sessellift sieht man den roten, vulkanischen Felsen, aus dem die Raschötz besteht. Er gehört zur mächtigen Bozner Porphyrplatte. Die nahen Felstürme der Dolomiten hingegen bestehen aus weißen Kalkablagerungen, die auf diesen älteren Gesteinen aufsetzen.

In Kürze

Gehzeit: ca. 2–3 Stunden >> ca. 250 Höhenmeter >> leichte Tour, auch für den Hochwinter geeignet

Von St. Ulrich in Gröden zum Parkplatz bei der Secëda-Gondelbahn, von dort zu Fuß in wenigen Minuten zum Raschötz-Sessellift auf der anderen Seite des Baches.

Kompass-Wanderkarte 616 (1:25.000) oder 54 (1:50.000)

Bergbahn-Restaurant bzw. **Raschötz-Hütte:** Neben der Bergstation des Raschötz-Sessellifts steht das große, ganz mit Holz verkleidete ehemalige Schutzhaus. Restaurant-Café, Sonnenterrasse. Ab hier 6 km lange Rodelbahn hinunter ins Oberdorf von St. Ulrich, Rodelverleih. Kein Ruhetag. Tel. 0471 798259

24 AUF DEN COL RAISER

Zu Füßen der Dolomitenzacken der Geisler-Gruppe liegen das sonnige Secëda-Plateau und davor Col Raiser, ein beliebtes Skigebiet, das mit einer Umlaufbahn von St. Christina in Gröden aus erschlossen ist. An seinem Ostrand dehnen sich wunderbare Almen aus, über die diese Wanderung bis ins Tal führt.

Von der **Bergstation** der Umlaufbahn auf den Col Raiser (2107 m; hier auch Restaurant) wendet man sich ostwärts und geht auf Weg Nr. 4 leicht bergab in 20 Minuten zur **Regensburger Hütte** oder Geisler Hütte (2037 m; im Winter geschlossen), die gut sichtbar in einer Mulde am Fuße der Stevia-Gruppe liegt. An einem Nebengebäude der Regensburger Hütte ist eine riesige Sonnenuhr angebracht.

Ab der Hütte ist der **Weg mit Nr. 1/3** markiert und ausgeschildert; er führt abwärts durch schöne Zirbenwälder, ein munteres Bächlein entlang, in Richtung St. Christina-Wolkenstein. Bei guter Schneelage kann man auch rechts vom Bach über das freie Almgelände absteigen. Bei einem kleinen zugefrorenen See teilt sich der Weg, man hält sich links und wandert, der Nr. 1 folgend, leicht aufwärts und dann eben den Hang entlang zur **Juac-Alm** (Alpe Jüač). Auf den weiten Wiesen thront in beherrschender Lage das moderne Gebäude der Juac-Hütte (1905 m), im Sommer ein beliebtes Ausflugsziel, im Winter ist die Hütte geschlossen und steht abseits der Pisten herrlich einsam. Der Weg führt ab hier zu den tiefer liegenden **Almhütten**, verläuft Richtung Süden, überquert eine Teerstraße, geht weiter abwärts zum Weiler **Daunëi** (ca. 1670 m) und trifft dann auf die **Straße nach Wolkenstein**. Die Straße entlang ins Dorf und mit dem Skibus wieder nach **St. Christina** zurück.

Wolkenstein mit Sellastock als Kulisse

Wer will, wandert vom Col Raiser zuerst nordwärts, dann in einer Schleife auf Weg Nr. 1/2A über welliges Gelände zur Piera Longia (2297 m) und von dort auf Weg Nr. 13 zur Regensburger Hütte.

Wer der Tour etwas Würze beigeben will, geht nach der Juac-Alm westwärts zum Gehöft Tubla (1782 m). Kurz vor dem Bauernhof überquert man die Straße, am Waldrand steht ein Wegkreuz. Hier zweigt ein abenteuerlicher Steig ab, der sehr steil und im Zickzack durch den Wald hinunter zur Straße Plan de Tiëja (ca. 1510 m) führt, auf der es zurück zur Talstation (1550 m) der Col-Raiser-Umlaufbahn geht.

In Kürze

Gehzeit: Von Col Raiser nach Wolkenstein ca. 2½ Stunden; über Tublà nach St. Christina auch ca. 2½ Stunden; bei Umweg über Piera Longia ca. 1½ Stunden länger >> ca. 700 Höhenmeter im Abstieg, kurzer Anstieg vor der Juac-Hütte und zur Talstation der Umlaufbahn; bei Umweg über Piera Longia ca. 300 Höhenmeter im Aufstieg mehr >> je nach Route leichte bis mittlere Tour

Von St. Christina in Gröden mit der Gondelbahn (Infos: Tel. 0471 792089) auf den Col Raiser.

Kompass-Wanderkarte 616 (1:25.000) oder 54 (1:50.000)

Col-Raiser-Hütte: Restaurant an der Bergstation der Umlaufbahn, Sonnenterrasse, Übernachtungsmöglichkeit. Kein Ruhetag. Tel. 0471 796302

25 AUFS RITTNER HORN

Das Rittner Horn dient den Boznern als Hausberg, den Meteorologen als Messstation – doch die freie Kuppe im Herzen des Landes ist auch einer der aussichtsreichsten Berge Südtirols: Von seinem Gipfelplateau aus genießt man eine atemberaubende 360-Grad-Rundsicht. Die Aufstiegsroute für diese Wanderung kommt von Nordosten her und vermeidet so die mit Liften und Skipisten erschlossene Südseite.

Schon die 14 km lange Anfahrt von Klausen auf die Villanderer Alm bietet tolle Ausblicke zu den Dolomiten und nach Süden ins Eisacktal. Vom Parkplatz (ca. 1740 m) kurz vor der **Gasser Hütte** nimmt man den breiten, rotweiß markierten Weg Nr. 7, der vor der Brücke den Bach entlang aufwärts führt und bald in einen etwas steileren, alten Plattenweg übergeht. Er führt über Wiesen und durch schütteren Zirbelkiefernwald, an Almhütten vorbei, schnurstracks Richtung Westen. Nach einer guten halben Stunde stößt man auf einen breiten Weg, dem man in südwestliche Richtung in Kurven und Kehren bis zum **Gasteiger Sattel** (2056 m) folgt. Man ist nun auf einer weiten, baumlosen Hochfläche angelangt. Steinmauern, die im Winter gerade noch aus dem Schnee hervorlugen, kennzeichnen die Gemeinde- und alten Weidegrenzen, der Blick geht schon weit nach Westen zu den fernen Bergen des Ortlers am Horizont. Der Weg wendet sich nach Süden. Der Schein trügt, der Buckel, den man vor sich sieht und den man in 20 Minuten erstiegen hat, ist nicht das Rittner Horn; die Gipfelkuppe versteckt sich hinter diesem Vorberg. Nach Überschreitung eines Bodens und einem kurzen Abstieg erwartet einen ein Anstieg von 150 Höhenmetern. Dann steht man auf dem Gipfel, besser auf dem flachen Plateau des **Rittner Horns** (2260 m). Die Gipfelhütte ist im Winter geschlossen.
Der Rückweg deckt sich bis zum **Gasteiger Sattel** mit dem Aufstiegsweg. Dort bleibt man auf dem breiten Weg, der über die Almhütte **Moar in Plun** (1850 m; im Winter nur sonntags bei Schön-

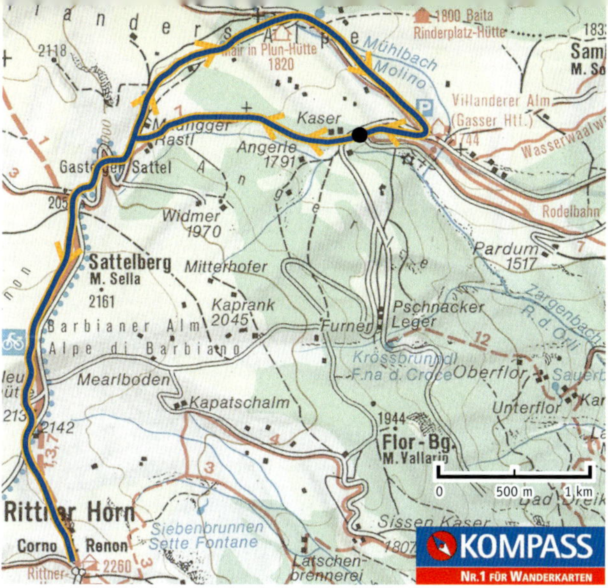

wetter geöffnet) zur Gasser Hütte führt, wo man gemütlich einkehren und sich aufwärmen kann. Von hier auf der Straße in 5 Minuten zum Parkplatz.

Die Höfe an den sonnigen Rebhängen unterhalb von Villanders zählen zu den beliebtesten Törggele-Einkehren Südtirols; da ist es nahe liegend, auf dem Heimweg bei einem der vielen Buschenschänken einzukehren. Unsere Tipps: Die Höfe Obergasser, Larm, Oberpartegger, Unterfurner und Klingler in Sauders (vom Dorf Villanders westwärts), der Röckhof und das Gasthaus Sturmhof in St. Valentin (ostwärts Richtung Klausen).

In Kürze

Gehzeit: Aufstieg ca. 2 Stunden, Abstieg ca. 1–1½ Stunden >> ca. 500 Höhenmeter, leichte Tour

Von Klausen durch das Dorf Villanders Richtung Villanderer Alm, wo man kurz vor der Gasser Hütte in einer Kehre am ausgeschilderten Parkplatz (Bushaltestelle, Wegweiser) den Wagen parkt. Über Weihnachten und für Gruppen auch auf Vorbestellung gibt es einen Taxi-Zubringerdienst mit einem Kleinbus („Erlacher-Exkursionen“: Tel. 348 3303820) ab Klausen.

Kompass-Wanderkarte 059 (1:35.000) oder 56 (1:50.000)

Gasser Hütte: Traditionsreiches Almgasthaus nahe am Ausgangspunkt. Rodelbahn, Langlaufausrüstungs- und Rodelverleih, Reitstall. Ganzjährig geöffnet. Tel. 0472 843510

26 AUF DIE SARNER SCHARTE

Die Sarner Scharte ist – entgegen ihrem Namen – ein Gipfelplateau. Die markante Nase mit der steil nach Westen abfallenden Flanke sieht man bereits vom Unterland aus; sie scheint das Sarntal abzuschließen. Tatsächlich steigt der Berg auf der östlichen Seite des Sarntals auf und ist über die Villanderer Alm, also von Eisacktaler Seite her, problemlos zu erwandern.

Der erste Teil der Wanderung ist deckungsgleich mit jenem auf das Rittner Horn: Vom Parkplatz (ca. 1740 m) kurz vor der **Gasser Hütte** auf dem breiten, rotweiß markierten Weg Nr. 7 den Bach entlang aufwärts, dann auf einem alten Plattenweg Richtung Westen. Nach etwa einer halben Stunde trifft man auf den breiten Weg zum **Gasteiger Sattel** (2056 m). Dort folgt man der blauweißen Markierung (Nr. 3) nach Westen. Im Nordwesten erheben sich gut sichtbar der Villanderer Berg und südlich davon die Sarner Scharte. Beide sind im Winter ideale Ziele für Schneeschuhwanderer; geübte Skitourengeher meiden diese beiden Gipfel, weil sie zu wenig anspruchsvoll sind. Der Weg zur Sarner Scharte läuft immer leicht ansteigend am **Rücken** des Massivs entlang. Er führt zu einer kleinen **Scharte** (2381 m), die ihren Namen anders als ihr Namensvetter, der Berg, verdient. Dort steht eine Biwak-Schachtel, eine spartanische Unterkunft für Wanderer in Bergnot. Von hier erreicht man nach einem etwas steilen Anstieg in 20 Minuten den 2468 m hohen

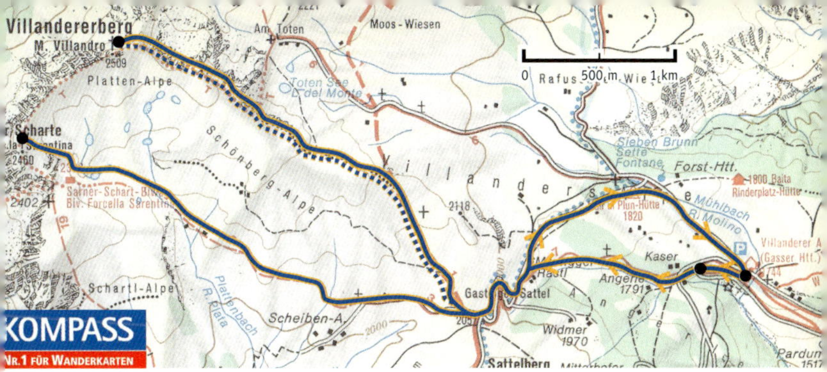

Gipfel. Fantastische Aussicht, besonders in Richtung Süden, auf den Talkessel von Bozen und auf das Etschtal, die die Mühe des langen Wegs belohnt!
Der Rückweg ist mit dem Aufstiegsweg identisch, nur steigt man vom **Gasteiger Sattel** nicht direkt zum Parkplatz ab, sondern bleibt auf dem breiten Weg, der über die Almhütte **Moar in Plun** (1850 m; im Winter nur sonntags bei Schönwetter geöffnet) zur Gasser Hütte (1744 m) führt. Von dort auf der Straße in 5 Minuten zurück zum Auto.

Nördlich der Sarner Scharte liegt der Villanderer Berg (2509 m), dessen Gipfel jenen der Sarner Scharte um 40 m überragt. Vom Gasteiger Sattel folgt man ein Stück dem Weg zur Sarner Scharte, nach rund 20 Minuten gabelt sich der Weg und wendet sich, mit der Nr. 1 markiert, nach Nordwesten zu einem schon von weitem gut sichtbaren, gemauerten Bildstock. Von dort immer leicht ansteigend auf der Kante des Plateaus zum Gipfel. Die Sarner Scharte liegt hier zum Greifen nahe; nach einer halben Stunde ist sie erreicht. Von dort auf dem oben beschriebenen Weg zurück.

In Kürze

Gehzeit: Aufstieg ca. 3 Stunden, Abstieg ca. 2–2½ Stunden >> ca. 700 Höhenmeter >> lange, aber problemlose Tour

Von Klausen durch das Dorf Villanders Richtung Villanderer Alm, wo man kurz vor der Gasser Hütte in einer Kehre am ausgeschilderten Parkplatz (Bushaltestelle, Wegweiser) den Wagen parkt. Über Weihnachten und für Gruppen auch auf Vorbestellung gibt es einen Taxi-Zubringerdienst mit einem Kleinbus („Erlacher-Exkursionen“: Tel. 348 3303820) ab Klausen.

Kompass-Wanderkarte 059 (1:35.000) oder 56 (1:50.000)

Gasser Hütte: Traditionsreiches Almgasthaus nahe am Ausgangspunkt. Rodelbahn, Langlaufausrüstungs- und Rodelverleih, Reitstall. Ganzjährig geöffnet. Tel. 0472 843510

27 AUF DEN KÖNIGSANGER

Welch ein verheißungsvoller Name: Königsanger! Wer durchs Eisacktal fährt, dem fällt er sofort auf, der in der Wintersonne glitzernde Rücken, der sich über den dunklen Wäldern oberhalb von Feldthurns im Westen Brixens erhebt. Nur schade, dass die weiße Pracht an den Südhängen nicht lange der Sonne Stand hält und so meist von kurzer Dauer ist.

Genügend Schnee vorausgesetzt, ist der Berg bei Skitourengehern und Schneeschuhwanderern wegen seiner eher flachen Hänge und somit seiner Lawinensicherheit gleichermaßen beliebt. Ausgangspunkt ist beim **Kühhof** oberhalb von Latzfons auf 1560 m. Kurz nach dem Gatter am Parkplatz geht vom breiten Forstweg bei einem großen Stein rechts ein markierter, steiler **Waldweg** ab. Er führt, an einem **Wetterkreuz** vorbei, zuerst in nordwestliche und dann in nordöstliche Richtung durch schütteren Wald und in 45 Minuten zum Beginn der **Almwiesen**. Nun geht es weglos und ohne Markierung in nordöstliche Richtung, an etlichen Almhütten vorbei, der **Gipfelkuppe** (2436 m) zu. Der Berg ist so gut besucht, dass man immer Spuren findet, die den Weg weisen. Auch Skitouren-Anfänger mögen diese Tour; man kann den Berg mit den Skiern ersteigen, ohne eine einzige Spitzkehre zu machen, so sanft steigt

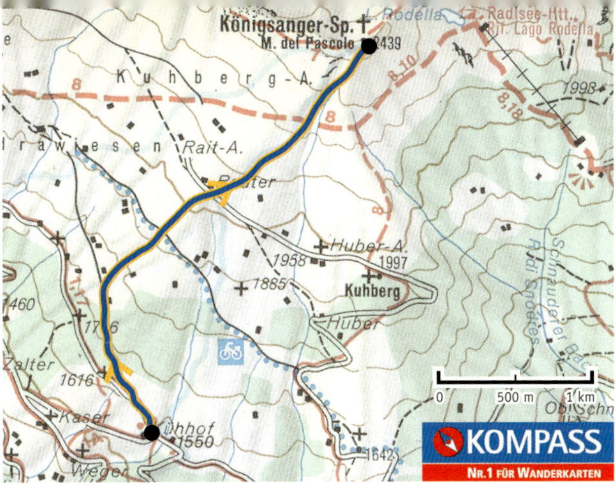

er an. Das Gipfelkreuz versteckt sich bis zuletzt hinter einem Vorgipfel. Die Aussicht ist wahrhaft königlich, die Dolomiten auf der anderen Seite des Eisacktals beeindrucken. Rückweg wie Aufstieg.

Wenn man sich auf dem Rückweg kurz vor dem Eintritt in den Wald etwas östlich hält, gelangt man zur Brugger Schupfe, einer zünftigen Almwirtschaft, die im Winter an den Wochenenden geöffnet hat. Vor dem Haus lässt sich die Wintersonne und die Aussicht richtig genießen!

Man kann auch von Garn oberhalb von Feldthurns starten, am Waldrand ist ein großer Parkplatz angelegt. Auf der Rodelbahn geht's Richtung Brugger Schupfe, nach ungefähr einer halben Stunde biegt man rechts ab (Mark. 10/Radelsee). Rund 200 Höhenmeter unterhalb des Gipfels verlässt man den Weg und steuert auf das Gipfelkreuz zu. Ab Garn sind es etwa 100 Höhenmeter und 20 Minuten Aufstieg mehr.

In Kürze

Gehzeit: ca. 3½–4 Stunden >> ca. 880 Höhenmeter >> mittlere Tour

Von Feldthurns nach Latzfons; hinter dem Dorf, bei einem Bildstock, zweigt rechts eine schmale Teerstraße zum Kühhof ab; großer Parkplatz.

Kompass-Wanderkarte 059 (1:35.000) oder 56 (1:50.000)

Brugger Schupfe: Almgasthaus, Sonnenterrasse. Rodelbahn bis zum Parkplatz Ziernfelder Boden oberhalb von Garn. An den Wochenenden und über die Weihnachtstage geöffnet.
Tel. 339 2902904
Glanger: Viel besuchtes Ausflugslokal in Feldthurns. Im Winter ist Anmeldung angeraten. Tel. 0472 855317

28 AUF DIE PLOSE

Die Plose ist der Haus- und Skiberg der Brixner. Der Westgipfel, die Pfannspitze, ist durch Bahnen und Lifte für Skifahrer erschlossen; der Ostgipfel, der Gabler, mit 2576 m die höchste Erhebung der Plosegruppe, ist bei Skitourengehern beliebt. Seine nicht zu steilen Südflanken sind aber auch für Schneeschuhwanderer ein lohnendes Ziel.

Ausgangspunkt ist die **Brixner Skihütte** auf 1900 m. Von dort quert ein breiter Weg (Mark. 8, Wegweiser Schatzerhütte) den waldigen Westhang des Gablersporns. Beim **Guflanegg** (1975 m), nach knapp einer halben Stunde, wo beim Doppelkreuz der mächtige Peitlerkofel zum landschaftsbeherrschenden Motiv wird, verlässt man die breite Straße.
Spätestens hier schnallt man die Schneeschuhe an. Direkt beim Kreuz steigt man auf dem **Geländekamm** zum Gabler auf. Nach ca. 15 Minuten lässt man die **Baumgrenze** hinter sich, weiter geht's, immer bergauf, Richtung Gipfel. Von weitem sieht man schon die kleine Hütte des Wintersportvereins Brixen, die kurz unterhalb des Gipfelkreuzes liegt. Der **Gabler** (2574 m) bietet einen tollen Rundblick, im Südosten sind die markanten Silhouetten des Peitlerkofel und des Ruefen mit den Aferer Geislern zum Greifen nahe, im Westen liegen die Sarntaler Alpen und im Norden die mächtigen Zillertaler und Ötztaler Grenzberge zu Österreich. Der Rückweg folgt bis zur **Waldgrenze** der Aufstiegsroute, geht hier ostwärts zur **Schatzerhütte** und auf Weg Nr. 8 zum **Parkplatz** zurück.

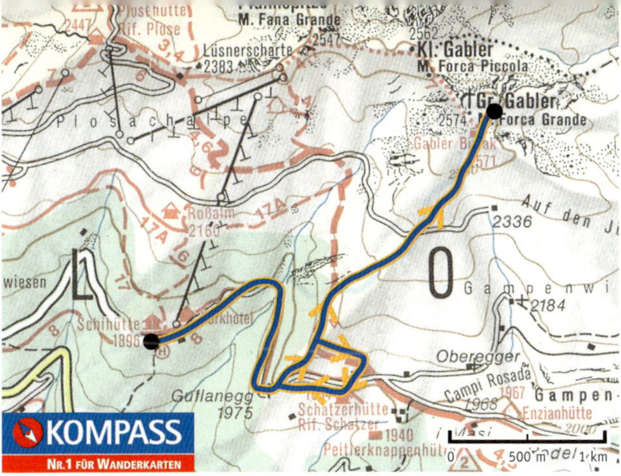

Neben dem Doppelkreuz beim Guflanegg steht eine Sitzbank, von der aus man die heute von Bäumen etwas verstelle Aussicht genießen kann. Von hier aus wurden viele Postkartenbilder mit Dolomitenblick geschossen.

Franz Pernthaler, der Besitzer der Schatzerhütte, ist mit Leib und Seele Koch und hat sein Handwerk in hervorragenden Häusern gelernt. Neben rustikaler Hausmannskost gibt es die ganze Palette internationaler Küche. In der Schatzerhütte kann man auch übernachten; es gibt 24 Schlafplätze. Übernachtungen auf jeden Fall telefonisch buchen.

In Kürze

Gehzeit: Aufstieg ca. 2–2½ Stunden, Abstieg über die Schatzerhütte ca. 2 Stunden >> ca. 680 Höhenmeter >> leichte Tour; die ersten 200 Höhenmeter Anstieg ab Guflanegg sind etwas steil.

Von Brixen über St. Andrä auf der Plosestraße bis Palmschoß, beim Hotel Valazza zweigt man zur Brixner Skihütte ab. Bis hierher auch Linienbusse von Brixen.

Kompass-Wanderkarte 615 (1:25.000) oder 56 (1:50.000)

Schatzerhütte: Gemütliche Berghütte mit sehr guter Küche, auch im Winter geöffnet. Kein Ruhetag. Tel. 0472 521343 oder 0472 521337

29 AUF DEN CAMPILL-BERG

In einem Seitental östlich von Brixen versteckt sich das Dorf Lüsen. In seinem Rücken erhebt sich ein Kranz relativ niederer Berge, die Lüsen vom Pustertal und dem äußeren Gadertal trennen. Einer dieser Buckel heißt Campill-Berg und ist 2190 m hoch.

Ein paar Höfe, Neubauten und ein Gasthaus scharen sich im Örtchen Flitt, ganz hinten im Lüsental, um ein Kirchlein. Gleich dahinter liegt **Kompatsch** mit dem Parkplatz (ca. 1400 m), von wo der rotweiß markierte Steig (Nr. 2) am Wiesenrand steil bergauf führt. Er schneidet mehrmals die Kurven der ebeneren Forststraße und erreicht nach knapp 1 Stunde schweißtreibenden Aufstiegs die **Campillwiesen** (ca. 1900 m). Hier geht der Weg weniger steil am Waldrand in östliche Richtung zur **Großen Kaneider Alm** (nur im Sommer bewirtschaftet; in den Karten auch mit Genaider Alm bezeichnet). Nach der Alm nimmt man nicht den markierten Sommerweg durch eine Zaunlücke (Schild Jakobstöckl), sondern wandert eben bzw. leicht abwärts, einer alten Markierung und einem Almweg folgend, hinunter zum **Bachgrund**. Dann an zwei Almhütten vorbei und die letzten 100 Höhenmeter hinauf zur Astalm mit dem **Jakobstöckl** (2026 m), einer kleinen Wegkapelle am historischen Übergang ins Gadertal. Hier öffnet sich ein wunderbarer Ausblick zu den Dolomiten! Nun auf dem flachen Kamm in nördliche Richtung hinauf zur Gipfelkuppe des **Campill-Bergs**, auch Hörschwanger Kreuz genannt, auf 2190 m. Grandiose Rundsicht! Von hier steigt man in westlicher Richtung über die **Kochalm** (2044 m) ab, bis man auf den mit 2a markierten Weg trifft. Kurz vor dem Eintritt in den Wald vereint dieser sich mit der **Aufstiegsspur**.

☞ Auf den Almwiesen laden mehrere Holzhütten zu einem Picknick im Freien ein. Eine Stärkung aus dem Rucksack schmeckt oft besser als ein Menü im Gasthaus!

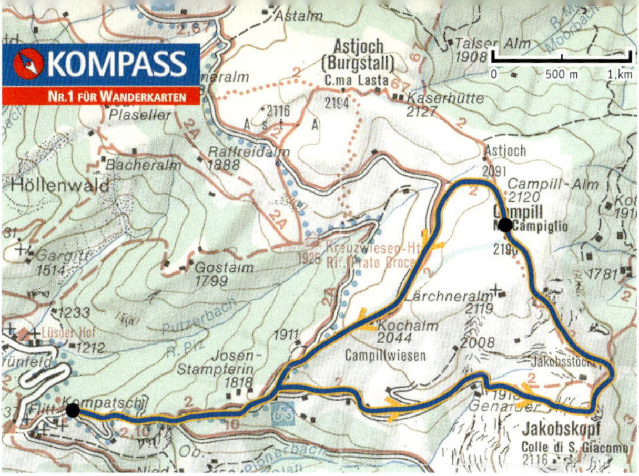

In Kürze

Gehzeit: Aufstieg ca. 2½ – 3 Stunden, Abstieg ca. 2 Stunden >> ca. 800 Höhenmeter >> mittlere Tour, weil steiler Waldaufstieg

Von Brixen nach Lüsen und von dort 3 km weiter, durch den Weiler Rungg, nach Flitt-Kompatsch. Parkplatz in Kompatsch in 1400 m Höhe.

Kompass-Wanderkarte 615 (1:25.000) oder 56 (1:50.000)

Joasenhof: Neues Café in Lüsen/Flitt. Nur kalte Gerichte; gemütliche, kleine Stube. Donnerstag Ruhetag. Tel. 0472 413612
Hotel Rosental: In Lüsen-Dorf. Ebenerdig Café-Restaurant; gute Kuchen, große Sonnenterrasse. Montag Ruhetag. Tel. 0472 413785

30 AUFS ASTJOCH

Im Nordosten von Brixen, zwischen dem unteren Pustertal, Lüsen und dem äußeren Gadertal, erstreckt sich oberhalb der Wälder ein langer Höhenzug. Auf ihm breiten sich die Lüsner und die Rodenecker Almen aus. Das Astjoch ist eine mäßig ausgeprägte Gipfelkuppe, aber frei und zentral gelegen und daher sehr aussichtsreich.

Am **Zumis-Parkplatz** auf 1720 m beginnt die **Langlaufloipe**, die über den breiten Forstweg auf den weitläufigen Rücken der Rodenecker Alm führt. Nur kurz die Loipe entlang und bald links ab in einen mit Nr. 2 markierten **Waldweg**. Er führt in sanfter Steigung, an der **Roner Hütte** (1832 m) und an einer neuen Kapelle vorbei, auf freies Almgelände.
Nach 1½ Stunden erreicht man die **Starkenfeldhütte** (1936 m), nach einer weiteren ½ Stunde gelangt man zu einem **Almboden**. Das Astjoch liegt genau vor einem, man überquert den Wiesenboden und steigt in der Falllinie zum flachen Gipfel auf. Am **Gipfelkreuz** auf 2196 m angelangt, überrascht ein erstaunlicher Rundblick: Im Pusterer Talkessel liegt Bruneck, gegenüber erheben sich die hohen Zillertaler Berge, im Südosten die Dolomiten mit dem alles beherrschenden Peitlerkofel. Der Abstieg erfolgt weglos Richtung Süden, bis man etwa 100 Höhenmeter tiefer auf den breiten Weg stößt, der vom Jakobstöckl kommend wieder zum **Almboden** und zur **Starkenfeldhütte** zurückführt. Ab dort nordwärts, binnen kurzem trifft man auf die **Rastner Hütte** (1930 m). Um nicht wieder den Aufstiegsweg zu benutzen, kann man auf einem Parallelweg den Waldrand entlang zur **Roner Hütte** und zum Parkplatz zurückwandern.

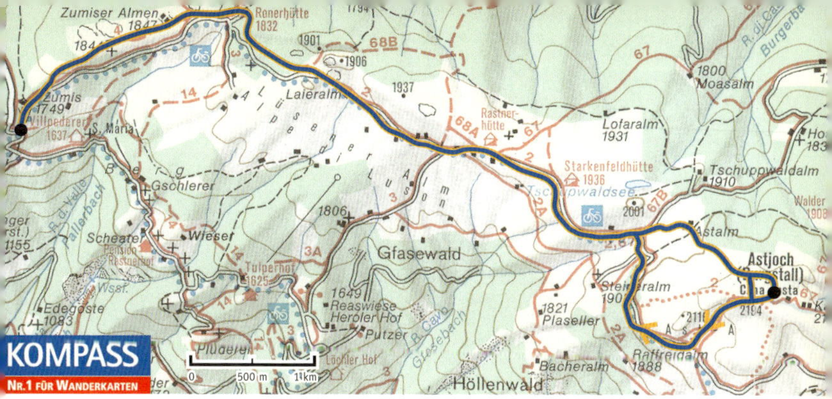

Auf der Höhe der Alm standen früher ein hölzerner Bildstock und ein Kreuz. Aus der näheren und weiteren Umgebung zogen so viele fromme Pilger zu dem Ort, dass sich Bauern und Almbesitzer vor wenigen Jahren zum Bau einer Kapelle entschlossen. Sie ist dem hl. Bartholomäus, dem Patron der Hirten und Senner, und der hl. Clara geweiht, eine der Glocken dem hl. Hubertus, dem Patron der Jäger.

In Kürze

Gehzeit: ca. 5–6 Stunden >> ca. 450 Höhenmeter >> leichte Tour

Von Mühlbach über Rodeneck/Nauders zum gebührenpflichtigen Zumis-Parkplatz auf 1720 m.

Kompass-Wanderkarte 615 (1:25.000) oder 56 (1:50.000)

Roner Hütte: Berggasthaus auf halber Strecke zwischen Zumis-Parkplatz und Starkenfeldhütte. Nur am Wochenende geöffnet. Tel. 0472 454210
Rastner Hütte: Viel besuchtes Berggasthaus kurz vor der Starkenfeldhütte, 5 Gehminuten von der Hauptroute entfernt. Kein Ruhetag. Tel. 0472 546422
Starkenfeldhütte: Gemütliche Almwirtschaft. Nur am Wochenende geöffnet. Tel. 0472 454203

31 ZUR SCHAFHÜTTE IM SCHALDERER TAL

Von Vahrn bei Brixen zieht sich das Schalderer Tal zu den Sarntaler Alpen hin. Diese Wanderung führt zur Schafhütte, einer einsamen Alm knapp unterhalb der Baumgrenze auf der Sonnenseite des Tals.

In der Nähe der Kirche von **Schalders** (1167 m) beginnt der mit der Nr. 19 gut markierte Weg. Er zieht sich stetig steigend westwärts zu den vereinzelten Höfen von **Innerschalders** hin, die sonnig am steilen Wiesenhang liegen. Ab den letzten Höfen geht der Weg als Forststraße weiter, hier muss man meist die Schneeschuhe anschnallen. Man gewinnt laufend an Höhe; sobald die Straße dann fast eben wird, ist es nicht mehr weit bis zur **Schafhütte**, einer nur im Sommer geöffneten, urigen, ganz aus Holz errichteten Almwirtschaft in 2017 m Höhe. Bänke vor dem Haus laden auch im Winter zu Rast und Muße ein. Rückweg über die Aufstiegsroute.

Ein Gipfel gefällig? Dann bietet sich das **Kasebachhörndl** an. Im Rücken der Schafhütte ziehen sich oberhalb der letzten Zirbelkiefern und knorrigen Lärchen weite, mäßig steile Hänge bis zum 2578 m hohen Gipfel hin, der die bekanntere, im Osten liegende Karspitze um 40 m überragt. Hier oben öffnet sich ein unglaubliches Panorama nach allen Seiten, das man sich – sichere Schneelage vorausgesetzt – ab der Schafhütte mit 1½ Stunden Aufstieg in der Falllinie erarbeiten muss.

☞ Wer's gemütlich mag, fährt von Schalders noch 7 km auf schmaler, aber guter Teerstraße zum Gruberhof. Die Wanderung wird dabei um 350 Höhenmeter und 1 Stunde Gehzeit abgekürzt.

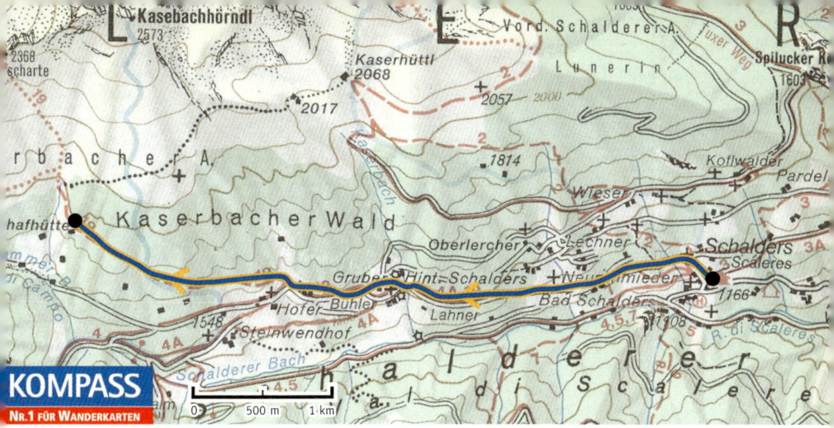

Vahrn wurde gegen Ende des 19. Jh., als die Brennerbahn ihren Dienst aufnahm, von reiselustigen Österreichern als Urlaubsort entdeckt. So wie man heute in die Toskana zieht, errichteten damals betuchte Wiener in Vahrn ihre Ferienresidenz, auch neue Hotels und Pensionen wurden gebaut. So manches Gebäude im Stil der Jahrhundertwende erzählt von dieser Epoche des Aufschwungs, die nach dem Ersten Weltkrieg abrupt endete.

In Kürze

Gehzeit: ca. 3½–4 Stunden >> ca. 850 Höhenmeter >> ohne Aufstieg zum Kasebachhörndl leichte bis mittlere Tour, da die vielen Höhenmeter sanft ansteigend bezwungen werden

Von Vahrn auf guter Teerstraße bis Schalders; das Auto parkt man nahe der Kirche.

Kompass-Wanderkarte 059 (1:35.000) oder 56 (1:50.000)

Gasthof Messner: Renoviertes Dorfwirtshaus neben der Kirche in Schalders, gemütliche Stube, gutes, einfaches Essen. Mittwoch Ruhetag. Tel. 0472 201533

32 ZUM STOANAMANDL BEI SPINGES

Die hohen Pfunderer Berge laufen bei Spinges in einem sanften Rücken nach Süden aus. Aus den Wäldern und den höher gelegenen schütteren Lärchenwiesen ragt ein Buckel hervor; es ist das 2118 m hohe Stoanamandl, ein wegen seiner grandiosen Aussicht lohnendes Ziel.

Spinges liegt auf einer sonnigen Terrasse im Norden von Brixen. Ausgangspunkt dieser Wanderung ist der Parkplatz beim **Wetterkreuz** oberhalb des Dorfes auf 1357 m. Hier beginnt ein breiter **Waldweg**, der im Winter als zahme Rodelbahn dient und zur bewirtschafteten Anratterhütte führen würde. Der für den Fahrzeugverkehr gesperrte Weg (rotweiß und mit 9 markiert) geht durch dichten Fichtenwald. Nach der **Juzbrücke** (1578 m), nach einer guten halben Stunde, biegt man auf einem markierten Weg (Schilder Altes Karl, Stoanamandl, Villa Defregger) nach Nordwesten ab. Man hält sich auf dem Kammrücken und wandert, vorbei an mehreren Almhütten, über die lichten Lärchenwiesen von **Hochkasern** (1735 m). Bis hierher ab dem Parkplatz ca. 1 Stunde Gehzeit. Der Weg führt immer mäßig steigend weiter aufwärts zu einer Lichtung mit dem **Tonich-Bildstock**. Nun geht's auf der Ostseite der Kuppe **Altes Karl** unmerklich abwärts und auf den **Jöchlboden** (1980 m) zu, wo ein hölzerner Bildstock und eine Bank stehen. Die Hubertusstatue und die über hundert Jahre alten Inschriften weisen den Bildstock als eine Gedenkstätte für Jäger aus. Die letzten 120 Höhenmeter auf das nahe **Stoanamandl** (2118 m), von dem schon das große Gipfelkreuz herüberwinkt, sind in 20 Minuten überwunden. Die Mühen des Aufstiegs werden mit einer überwältigenden Rundsicht belohnt.

In einer knappen halben Stunde steigt man vom Gipfel nordwärts (den steilen Osthang meiden) zur **Anratterhütte** (1814 m) ab und ist nun mitten drin im Trubel der Wintersportler vom Skigebiet Jochtal. Auf der Rodelbahn zurück zum **Wetterkreuz**. Wer der Hektik ausweichen will, steigt über einen Rücken, auf der linken Seite

eines kleinen Tals direkt zur Straße ab, die in knappen 2 Stunden wieder zum **Ausgangspunkt** zurückführt.

In den Jahren von 1880 bis 1911 ließ der österreichische Maler Franz von Defregger oberhalb von Spinges, in 1735 m Höhe, gleich drei Häuser bauen: Eines für sich, um hier seiner Jagdleidenschaft zu frönen, und je eines für seine beiden Söhne. Die nach ihnen benannten Gebäude, das Robert- und das Hanneshaus, werden noch heute von den in München lebenden Nachkommen als Ferienhäuser genutzt (Kartenbezeichnung: Villa Defregger).

In Kürze

Gehzeit: ca. 4–5 Stunden >> ca. 750 Höhenmeter >> leichte bis mittlere Tour ohne Querungen oder steile Aufstiege

Von Aicha nach Spinges und vorbei am Dorf zum Wetterkreuz auf 1357 m. Ab Aicha 3 km.

Kompass-Wanderkarte 081 (1:35.000) oder 56 (1:50.000)

Anratterhütte: Viel besuchte Einkehr für die Skifahrer vom Skigebiet Jochtal. Kein Ruhetag. Tel. 0472 849574

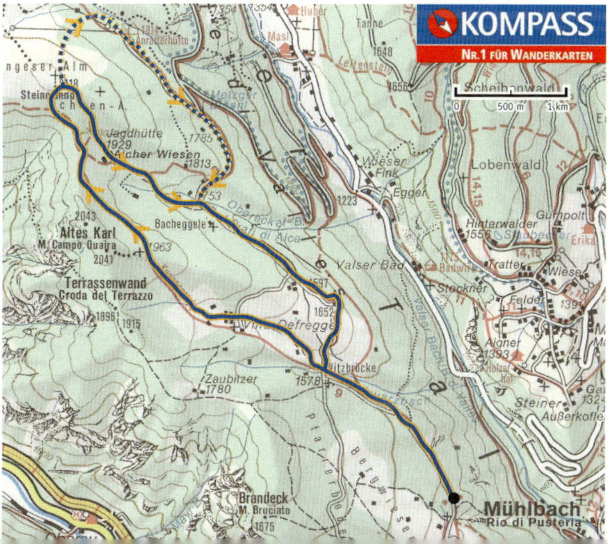

33 ZUR INNEREN WUMBLS-ALM IN RATSCHINGS

Ratschings besitzt ein bekanntes Skigebiet, das sich auf den weiten Almen unterhalb der Berge, die das Ratschingstal vom Passeiertal trennen, Richtung Jaufenpass hinzieht. Fernab vom Trubel der Skipiste, auf den Ausläufern der Kleinen Kreuzspitze im hinteren Ratschingstal, liegt das Ziel dieser Wanderung: die Innere Wumbls-Alm.

Etwa **1 km nach den Liftanlagen** des Skigebiets von Ratschings, wo die Straße zu steigen beginnt, nimmt die Tour ihren Anfang (1884 m). Westwärts geht ein relativ ebener **Forstweg**, der Pulverer Waldweg, zur Inneren und Äußeren Wumbls-Alm ab. Nach einer Kehre biegen links bzw. nordwärts die Wege zur Kaserlicht-Alm und Saxner Hütte ab und etwas später jener zur Äußeren Wumbls-Alm: Diese nicht beachten; man bleibt auf dem Forstweg. Man kreuzt den Sommerweg und die Spur der Skitourengeher, die eine Abkürzung durch den dichten, steilen Wald nehmen. Der Steig, an dem die Wumbls-Alm liegt, ist rotweiß (Nr. 10) markiert und führt zum Schloterjoch (oder Schlattacher Jöchl) in 2264 m Höhe. Bei guter Schneelage und sofern es bereits eine Spur gibt, kann man diesem aufs Joch folgen. Für diese Tour aber wollen wir nicht so hoch hinaus und begnügen uns mit dem Aufstieg zur Inneren Wumbls-Alm. Sobald man aus dem Wald heraustritt (1½ Stunden Gehzeit ab dem Parkplatz), trifft man auf einen **Almboden**, die Alm selbst entdeckt man bereits weiter oben am Hang auf einer Geländestufe. Vier Ge-

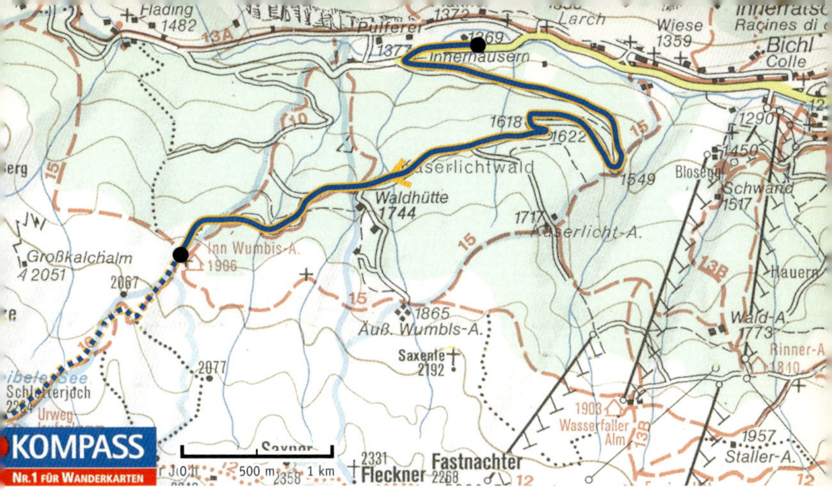

bäude liegen auf dem weiten Gelände, Tisch und Bank vor der **Wumbls-Alm-Hütte** (1906 m; im Winter leider nicht bewirtschaftetet) laden zur Rast ein. Im Hintergrund erhebt sich ein Kranz von Bergen, der die Grenze zum unmittelbar dahinter liegenden Passeiertal bildet. Wer noch einen kleinen Gipfel „mitnehmen" will, steigt auf eine Kuppe nahe der Alm, auf der ein Wetterkreuz steht. Der Rückweg folgt der Aufstiegsspur.

Obwohl auf Ratschingser Gebiet, haben auch die Bauern aus dem Passeiertal hier Almen und Weiderechte. Der Senner der im Sommer bewirtschafteten Wumbls-Alm ist ein „Pseirer".

Wer den Trubel liebt, zweigt beim Aufstieg zur Kaserlicht-Alm ab und geht zur Saxner Hütte weiter, die mitten im Skigebiet steht. Nach der Einkehr kann man kurz eben zur Bergstation des Sessellifts wandern und nach Ratschings hinunter steigen – oder abfahren.

In Kürze

Gehzeit: Aufstieg ca. 1½–2 Stunden, Abstieg ca. 1½ Stunden >> ca. 450 Höhenmeter >> leichte Tour

Von Sterzing ins Ratschingstal; Parkplatz an der Straße nahe dem Hotel Larchhof, 1 km nach den Liftanlagen des Skigebiets von Ratschings.

Kompass-Wanderkarte 058 (1:35.000) oder 44 (1:50.000)

Larchhof: Hotel in der Nähe des Ausgangspunkts. Hausmannskost, warme Küche auch am Nachmittag; alte getäfelte Bauernstube, Sonnenterrasse. Kein Ruhetag. Tel. 0472 659148, www.larchhof.com

34 AM JOCH BEI TERENTEN

Bei Terenten schieben sich die letzten Ausläufer der Pfunderer Berge zur Sonnenterrasse von Terenten und Pfalzen vor. „Am Joch" heißt einer dieser zahmen Gipfel, obwohl er ein Berg und kein Übergang ist.

Beim Nunewieser, einem zünftigen Ausflugslokal in 1534 m Höhe, beginnt eine Forststraße. Wer den Weg etwas abkürzen will, nimmt den alten Saumweg, der mehrmals die Serpentinen der weniger steilen Forststraße abschneidet.

Nach knapp 1 Stunde erreicht man das Wiesenplateau mit der Unteren Pertinger Alm (1861 m), die auch im Winter an den Wochenenden bewirtschaftet ist. Über Wiesen, später durch schütteren Lärchen- und Zirbenwald, geht es hinauf zu einem Wetterkreuz, das exponiert auf einem Hügel neben der Oberen Pertinger Alm (2070 m) steht. Auf einer Bank unter dem Kreuz ist Zeit für die erste Rast und für den Genuss des grandiosen Panoramas. Auf der Kante steigt man dann stets mäßig steigend bergan. Vorbei an einem markanten „Steinmandl" geht's zum Gipfel (2405 m) mit seinem geschmiedeten Kreuz. Der Ausblick von hier oben übertrifft sogar das Panorama, das sich vom Wetterkreuz aus eröffnet hatte: Gegenüber, im Süden, liegt die Rodenecker Alm mit dem flachen Astjoch, dahinter ragen Plose, Gabler und Peitlerkofel in den Himmel, im Osten reiht sich ein Dolomiten-Gipfel an den anderen. Im Westen und Norden schließen die Eidechsspitze und der Mutenock den Horizont ab. Der Abstieg folgt der Aufstiegesroute (die steilen Osthänge meiden).

Auf dem Rückweg kann man sich bei der Unteren Pertinger Alm eine Rodel ausleihen, zum Nunewieser hinabsausen und sie dort wieder abgeben.

Oberhalb vom Nunewieser, am alten Saumweg, liegt in einer Waldschneise ein riesiger Felsblock, den die Gletscher beim Abschmelzen zurückließen. Über diesen Felsen, im Volksmund Teufelsstein genannt, erzählt man sich folgende Sage: Der Teufel wollte damit das Dorf Mühlwald zerstören und trug ihn durch die Lüfte. Doch gerade als er über Terenten flog, begannen die Kirchenglocken zu läuten. Den Teufel verließen die Kräfte und er musste den Stein fallen lassen. Der Nunewieser-Wirt erklärt Ihnen gern den Weg zu diesem verwunschenen Platz.

In Kürze

Gehzeit: Aufstieg ca. 2½ Stunden, Abstieg ca. 2 Stunden >> ca. 870 Höhenmeter >> mittlere Tour

Östlich von Terenten zweigt von der Hauptstraße ein 3 km langer, beschilderter Weg zu den letzten Höfen am Waldrand ab. Hinter dem Nunewieser, einem zünftigen Ausflugslokal, gibt es ein paar Parkmöglichkeiten.

Kompass-Wanderkarte 081 (1:35.000) oder 56 (1:50.000)

Pertinger Alm: Urige Almhütte; Hausmannskost, selbst angesetzte Schnäpse. Rodelverleih. Im Winter nur an Wochenenden bewirtschaftet. Tel. 348 9054028 (Bernhard Passler)
Nunewieser: Der Name bedeutet so viel wie „Wieser von den Nonnen", denn früher gehörte dieser Bauernhof auf den Wiesen oberhalb von Terenten den Nonnen vom nahen Kloster Sonnenburg. Den ehemaligen Lehenshof bewirtschaftet heute die Familie Winding und führt ihn auch als Ausflugsgasthaus. Einfache Tiroler Hausmannskost. Montag Ruhetag. Tel. 0472 546163

35 AUF DEN SAMBOCK

Dort, wo das Tauferer Ahrntal bei Bruneck „um die Ecke" biegt und ins Pustertal mündet, liegt der Sambock, der Hausberg der Pfalzner. Der lang gezogene, schneebedeckte Bergrücken erhebt sich aus den grünen Wäldern – er ist ein leichtes und lohnendes Ziel für Schneeschuhwanderer.

Der **Tierstallerhof** auf 1638 m, hinter dem Gasthof Lechner im Weiler Platten oberhalb von Pfalzen, dient als Ausgangspunkt der Tour. Der mit 66A rotweiß markierte Weg steigt mäßig bergan, über eine Weide geht's zum Waldrand und weiter – teils einen alten Saumpfad, teils einen Forstweg entlang – durch schütteren Fichten- und Lärchenwald. Der Weg quert dabei den Bergfuß des Sambock in West-Ost-Richtung. Nach knapp 1 Stunde trifft man in einer Waldlichtung auf die Jägerhütte (1962 m; nicht bewirtschaftet). Die Einheimischen und die Wanderkarten kennen diesen Ort auch unter dem Begriff **„Stockpfarrer"**. Ab hier geht's weglos über Lichtungen und Wiesen mäßig steil empor, immer auf den höchsten Punkt zusteuernd. Meist finden sich Spuren von Skitourengehern, für die der Sambock eine leichte Übung ist. Nach Überwindung der Steilstufe von 200 Höhenmetern (auf diesem Abschnitt bei viel

Neuschnee die gebotene Vorsicht walten lassen) ist man auf einem baumlosen Almgelände angelangt: **Auf der Platten** (2175 m) heißt das Gebiet und bietet eine wunderbare Rundsicht! Ab hier auf dem Kamm in sanfter Steigung hinauf zum Gipfel des **Sambock** (2396 m), wo ein Kreuz steht und man mit einer unvergleichlichen Aussicht belohnt wird: Der Blick umfasst sowohl die Sarntaler Alpen als auch die Osttiroler Alpen, die Zillertaler Alpen, Rieserferner und Dolomiten. Der Abstieg erfolgt auf dem Anstiegsweg.

In Kürze

Gehzeit: Aufstieg ca. 2½–3 Stunden, Abstieg ca. 2 Stunden >> ca. 750 Höhenmeter >> leichte Tour, problemlose Orientierung

Ab Pfalzen 7 km auf breiter Teerstraße zum Gasthof Lechner im Weiler Platten (beschildert). Die Straße endet gleich darauf beim Tierstallerhof. Parkmöglichkeiten längs des Weges.

Kompass-Wanderkarte 081 (1:35.000) oder 57 (1:50.000)

Gasthof Lechner: Einfaches Bauerngasthaus direkt am Ausgangs- bzw. Endpunkt der Wanderung, ideal für eine zünftige „Marende" nach der Tour. Guter Aussichtsplatz. Mittwoch Ruhetag. Tel. 0474 528124

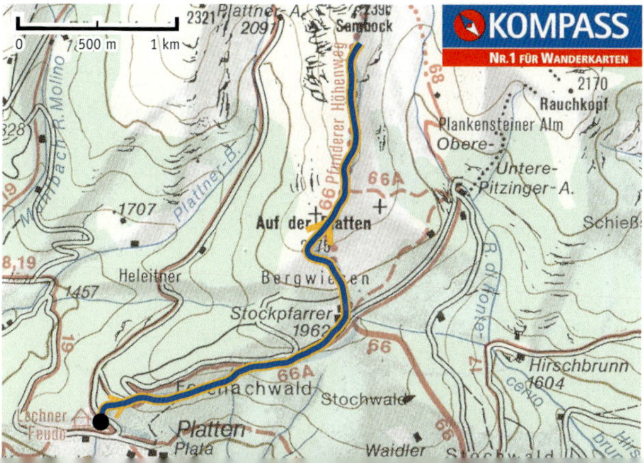

36 AUF DEN LUTTER- UND DURAKOPF

Das Gsieser und Antholzer Tal werden von einem Gebirgszug voneinander getrennt. Der zum Pustertal hin lang gezogene Bergkamm läuft nach Süden aus. Diese Wanderung führt in einem vielseitigen und leichten Rundweg über die weiten und offenen Höhen.

Vom Parkplatz hinter dem **Mudlerhof** oberhalb von Taisten in 1590 m Höhe zweigt ein **Forstweg** in westliche Richtung ab, rotweiß und mit der Nummer 31 markiert. Nach der ersten Serpentine, nach etwa 15 Minuten Gehzeit, schlägt man links einen steilen, alten **Karrenweg** ein. Er bringt einen durch Fichten- und später schütteren Lärchen- und Zirbenwald rasch in die Höhe und quert irgendwann die Forststraße. Nach etwa 1½ Stunden steilen, aber problemlosen Aufstiegs auf dem gut markierten Steig erreicht man Almwiesen und auch schon das erste Ziel dieser Wanderung, den **Lutterkopf** (2145 m). Hier stehen neben dem Gipfelkreuz auch Tisch und Bank für die wohlverdiente Teepause und für den Genuss der unvergleichlichen Aussicht. Der Weg zieht sich nun nordwärts über abwechslungsreiches, welliges und freies Almgelände hin. Immer auf dem Kamm wandernd, gelangt man über eine weitere Bergkuppe (es ist noch nicht der Durakopf), über einen flachen Grat und nach einem letzten kurzen Anstieg zum Gipfelkreuz des **Durakopf** (2275 m). Vom flachen Gipfel geht es in 10 Minuten mäßig steil bergab zum nordöstlich gelegenen Jöchl, dem **Klenk-**

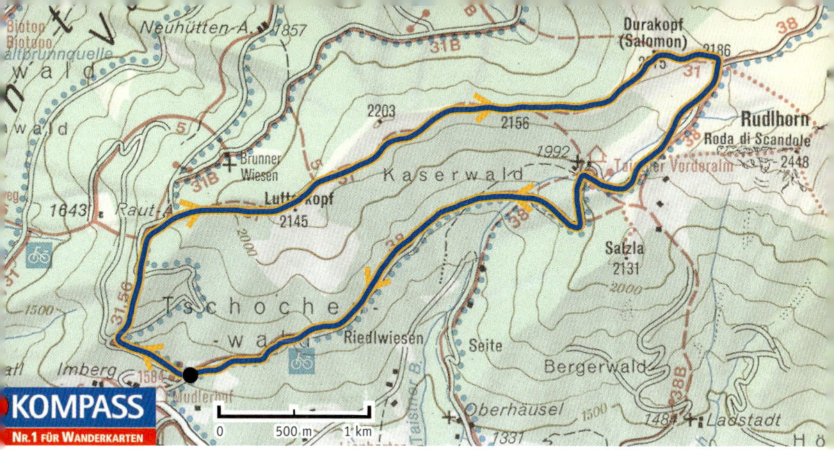

boden (2186 m), wo sich eine kleine Almhütte befindet. Dann südwärts über einen weiten Almboden zur **Neuen Taistner Alm** (2012 m), einem gemütlichen und gut besuchten Almgasthaus. Von dort auf der Rodelbahn in etwa $1\frac{1}{2}$ Stunden zum Parkplatz beim **Mudlerhof** zurück.

Von der Neuen Taistner Alm kann man als Zugabe noch auf die vorgelagerte, aussichtsreiche Wiesenkuppe des Salzla (2131 m) wandern; die 20 Minuten Umweg lohnen sich!

In Taisten findet man ein kunsthistorisches Kleinod: die romanische St.-Georgs-Kirche. Das Kirchlein mit dem riesigen Christophorus-Fresko an der Außenfassade birgt im Innern Wandmalereien von so bedeutenden Künstlern wie Michael Pacher, Simon von Taisten, Leonhard von Brixen und Franz Anton Zeiller. Schlüssel für Besichtigung beim Nachbarhof.

In Kürze

Gehzeit: Aufstieg ca. $3-3\frac{1}{2}$ Stunden, Abstieg ca. 2 Stunden >> ca. 700 Höhenmeter, problemlose Orientierung >> leichte Tour, etwas steiler Aufstieg durch den Wald zum Lutterkopf

An der Kirche von Taisten vorbei aufwärts, 300 m nach dem Hotel Alpenhof zweigt man zum Gasthof Mudler ab; Parkplatz 300 m weiter. Von Welsberg über Taisten 8 km Teerstraße.

Kompass-Wanderkarte 057 (1:35.000) oder 57 (1:50.000)

Berggasthaus Mudlerhof: Schöner, alter Hof, der frei in den sonnigen Wiesenhängen oberhalb von Taisten steht. Tolle Aussicht, Sonnenterrasse, Kinderspielplatz, viele und auch manch ungewöhnliche Haustiere. Dienstag Ruhetag. Tel. 0474 950036
Neue Taistner Alm: Große, bewirtschaftete Almhütte mit gemütlichen Stuben; Hausmannskost; Sonnenterrasse. Montag Ruhetag. Tel. 340 3359611 (Franz Patzleiner)

37 ZUM SCHUTZHAUS HEILIGKREUZ

Das Gadertal wird im Osten vom mächtigen Heiligkreuzkofel mit seinen im Sonnenlicht gelblich leuchtenden, senkrechten Dolomitwänden beherrscht. Auf der Alm am Fuß des Gipfels liegt wohl einer der schönsten Plätze Südtirols, das Wallfahrtskirchlein zum hl. Kreuz mit Hospiz und Gasthaus. Die hier vorgeschlagene Wanderroute führt von Wengen zu dem 1718 erbauten Schutzhaus, in das seit jeher Pilger und Wallfahrer einkehren.

Die Tour beginnt in **Spëscia** (ca. 1550 m), einem Ortsteil von Wengen. Bei der **Säge am Bach** geht man über eine Brücke, 50 m weiter trifft man beim Straßenschild Spëscia dessura auf einen **Wegweiser** mit der Markierung 13 und 15/Fanes, der man folgt. Nach 15 Minuten Gehzeit überquert man wieder den Bach und wandert auf der breiten **Forststraße** (nun Mark. 15) zuerst in westliche und dann immer mehr in südliche Richtung. Der durch einen Motorschlitten meist gespurte Weg führt zuerst durch Wald und später als Kreuzweg über die einmaligen Lärchenwiesen und Almen von **Armentara**. Nach 2 Stunden steht man vor dem Wallfahrtskirchlein und dem **Schutzhaus Heiligkreuz** (2040 m).

Vom Tal, von St. Leonhard her, bringt ein Sessellift die Wintersportler in die Höhe, einsam ist es hier nur auf den Fußwegen!

Einmalig aber ist auf jeden Fall die Aussicht zur Marmolada, der 3343 m hohen Königin der Dolomiten. Auf dem gleichen Weg zurück nach **Spëscia**.

Wer das Abenteuer liebt, wählt eine andere Route für den Aufstieg und steigt auf der Forstraße (Mark. 15) ab: Man folgt in dem Falle dem mit der Nummer 13 markierten Weg bis zu einer Almhütte. Dort über eine Brücke und auf Weg 16 zuerst leicht ansteigend über freies Gelände empor.

Nachdem man zwei Bachbetten überquert hat, geht es etwas steiler durch Wald auf einem Rücken bergauf. Man erreicht eine freie Hochfläche, die gegen Süden mit einem kleinen Sattel abschließt. Von dort hat man einen wunderbaren Blick auf die Kirche, das Hospiz und zur Bergkulisse im Hintergrund. Hier quert der Weg einen Steilhang, der im Winter aber nicht begehbar ist. Daher Richtung Westen etwa 70 Höhenmeter hinunter zu den Armentara-Wiesen. Von dort auf Weg 15 nach Heiligkreuz. Auch wenn der Weg nicht gespurt ist, gelingt die Orientierung mühelos: einfach immer im offenen Gelände zwischen Felswand und Wald bleiben.

Die Heilig-Kreuz-Kirche war und ist ein viel besuchter Wallfahrtsort. Die Kreuzwegstationen am Wegrand und die unzähligen Votivbilder im Kircheninnern zeugen von der Volksfrömmigkeit. Es ist beeindruckend, dass man vor über 500 Jahren in dieser nur schwer zugänglichen Höhe eine so stattliche Kirche baute.

In Kürze

Gehzeit: ca. 4 Stunden, bei Rückweg über Weg Nr. 16 etwas länger >> ca. 500 Höhenmeter >> leichte Tour; bei Variante über Weg Nr. 16 mittlere Tour

Von Pederoa im Gadertal Abzweigung nach Wengen, unterhalb des Dorfes geht's im Talgrund nach Spëscia. Das Auto lässt man bei der Säge am Bach.

Kompass-Wanderkarte 624 (1:25.000) oder 57 (1:50.000)

Schutzhaus Heiligkreuz: Dreihundert Jahre altes Hospiz, einst als Unterkunft für die Pilger errichtet, heute ein viel besuchtes Gasthaus. Hausmannskost; alte getäfelte Stube, Sonnenterrasse. Kein Ruhetag. Tel. 0471 839632

38 INS REICH DER FANES

Das Tamers- und das Rautal dringen von St. Vigil in Enneberg ins Herz der Dolomiten vor. Ganz hinten liegt die von einem Kranz markanter Gipfel umgebene Hochalm der Fanes mit zwei Schutzhütten: Ausgangspunkt und Ziel von Schneeschuhwanderern und Skitourengehern.

Von St. Vigil führt eine breite Straße mit wenig Steigung nach **Pederü** im Talschluss. Beim Parkplatz, auf 1545 m Meereshöhe, sind Orientierungstafeln angebracht. Der **Zufahrtsweg** zur Fanesalm, der von Pederü südwärts weggeht, wird von Raupenfahrzeugen freigehalten. Damit befördern die Wirte ihre Gäste samt Gepäck zu den Hütten auf der Alm. Die Schneeschuhe braucht man somit nur nach Neuschnee anzuschnallen, oder wenn man den Wandersteig und die Skitouren-Aufstiegsspur benutzt, die diesen Weg begleiten. Dabei schneidet man Kehren ab und verkürzt den Aufstieg.
Nach etwa 2 Stunden ist man auf der Alm **Klein Fanes** angelangt und kann zwischen zwei nahe gelegenen Einkehrmöglichkeiten auswählen, der Faneshütte (2060 m) oder der Lavarellahütte (2042 m). Die vielen Seen der Fanesalm sind im Winter unter einem dicken Eis- und Schneepanzer versteckt. Wer höher hinaus will, steigt über die Faneshütte zum **Limo-Joch** (ca. 2140 m) mit seinem Wetterkreuz auf und wandert weiter bis zur **Großen Fanesalm** (2103 m; Winterruhe). Rückweg wie Aufstiegsroute.

- Wer's gemütlicher mag, lässt sich von Pederü mit den Raupenfahrzeugen zur Fanes- oder Lavarellahütte in die Höhe befördern und startet von der Alm aus zu einem Rundgang. Beide Hütten sind sehr gemütlich, großzügig angelegt, modern ausgebaut und bieten beinahe Hotelkomfort. Was liegt näher, als hier ein paar Tage Urlaub zu machen und jeden Tag ein anderes Ziel anzupeilen? Die Hüttenwirte sind mit sachkundigen Ratschlägen gern zur Stelle.
- Auch der Fußweg von St. Vigil (ca. 1200 m) auf dem markierten und gespurten Wanderweg durch den tief verschneiten Winterwald nach Pederü (1545 m) ist ein Vergnügen.
  3 Stunden Gehzeit, kaum spürbare Steigung.

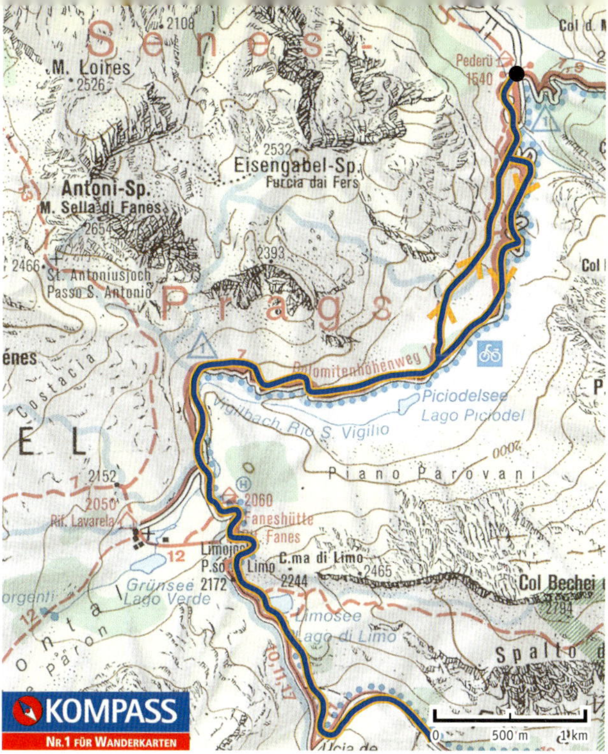

Kurz vor Pederü erinnert ein steinernes Mahnmal an den Ersten Weltkrieg, als hier die italienisch-österreichische Front verlief und auf den Gipfeln hart und verlustreich gekämpft wurde. Im Sommer verbindet ein Wandersteig, der Friedensweg, die ehemaligen Stellungen.

In Kürze

Gehzeit: Aufstieg ca. 2–3 Stunden, Abstieg ca. 1½–2 Stunden, 1 weitere knappe Stunde übers Limo-Joch zur Großen Fanesalmhütte >> ca. 600 Höhenmeter >> leichte Tour

Von St. Vigil in Enneberg nach Pederü im Talschluss; großer Parkplatz.

Kompass-Wanderkarte 624 (1:25.000) oder 57 (1:50.000)

Faneshütte: Traditionsreiche Berghütte, Übernachtungsmöglichkeit, Gästetransport mit Raupenfahrzeug. Kein Ruhetag. Tel. 0474 501097, www.rifugiofanes.com
Lavarellahütte: Die Berghütte wird schon in der dritten Generation von Familie Frenner geführt. Übernachtungsmöglichkeit, Gästetransport mit Raupenfahrzeug. Kein Ruhetag. Tel. 0474 501079, www.lavarella.it

39 ZUR KASERER ALM

Das Ahrntal schiebt sich wie ein langer Finger in die Kette der hohen Zillertaler Alpen. Ganz hinten im Tal liegt Prettau, das nördlichste Dorf Italiens. Am Sonnenhang oberhalb der Waldgrenze führt ein Forstweg zu etlichen Almen; dort oben scheinen die Dreitausender der Zillertaler Berge zum Greifen nahe.

Die Wanderung beginnt in Kasern hinter Prettau. Der Weg führt etwa 200 m südlich des Parkplatzes beim **Berghotel Kasern** (ca. 1600 m) über eine Holzbrücke. Unter dem Haus mit dem eigenartigen orangefarbenen Glasbalkon vorbei wandert man schräg über die Wiese hinauf zum **Waldrand**. Man quert ein Bächlein, folgt der Markierung 16A und geht steil durch den **Wald** aufwärts. Nach etwa einer halben Stunde schweißtreibenden Aufstiegs erreicht man eine **Forststraße** und folgt dieser bis zu einer Kreuzung. Hier rechts ab und in nordwestliche Richtung weiter. Der Weg ist nun mit der Nummer 15 rotweiß markiert. Er führt in angenehmer Steigung bis über die Baumgrenze auf etwa 2000 m und dann eben am Sonnenhang taleinwärts. Bei der **Kaserer Alm** (2039 m), in den Karten auch als Niederwieser Alm bezeichnet, öffnet sich ein weiter Almkessel mit etlichen Almhütten. Ein im Sommer hübscher Mini-See ist im Winter unsichtbar, da zugefroren und eingeschneit. Im Norden steigt die mächtige Pyramide des Rauhkofels bis auf 3252 m an. Von der anderen Talseite winken die Röt- und die Dreiherrenspitze herüber, beide an die 3500 m hoch. Man kann dem Almweg noch etwa 45 Minuten taleinwärts folgen, ehe er bei der

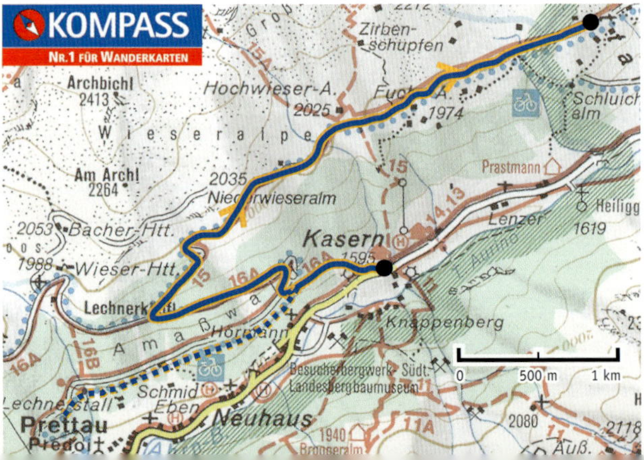

Schüttalalm (2032 m) in einen Steig ausläuft und dann auf den Krimmler-Tauern-Weg stößt. Nur bei sehr guter, fester Schneelage und einem ausgetretenen Steig (Mark. 14) kann man von hier ins Tal zur urigen, bewirtschafteten **Jagahütte**, zum „Hubert", absteigen und von dort parallel zur Straße nach **Kasern** zurückwandern. Sonst nimmt man den Rückweg über die Aufstiegsspur.

Wer bergab dem anfänglichen steilen Waldstück ausweichen will, bleibt beim Abstieg auf dem Forstweg und wandert ihn entlang nach Prettau. Von dort zurück nach Kasern mit dem Bus oder einem zweiten Auto, das man in weiser Voraussicht hier geparkt hat. Um auch den anstrengenden, steilen Aufstieg zu vermeiden, kann man die Tour natürlich auch in Prettau beginnen; dafür hat man bei dieser Routenwahl 100 Höhenmeter Aufstieg und eine halbe Stunde Gehzeit mehr.

Kurz hinter Kasern liegt am Talweg die Wallfahrtskirche Heiliggeist (1619 m), wo ein sagenumwobenes Kreuz hängt. Es weist Einschusslöcher eines übermütigen Schützen auf, der auf dem Weg zu einem Preisschießen aus lauter Übermut auf das Wegkreuz geschossen haben soll. Als der junge Mann, der beim Schießen den ersten Preis – einen Stier – gewonnen hatte, auf dem Rückweg wieder an dem Kreuz vorbeikam, spießte ihn das Vieh zur Strafe für seine frevlerische Gotteslästerung auf die Hörner.

In Kürze

Gehzeit: Aufstieg ca. 2–2½ Stunden, Abstieg ca. 2 Stunden >> ca. 480 Höhenmeter >> leichte Tour.

Von Bruneck ins Ahrntal und bis Kasern am Talende; Parkplatz nahe dem Berghotel Kasern.

Kompass-Wanderkarte 082 (1:35.000) oder 82 (1:50.000)

Berghotel Kasern: In der gemütlichen Wirtsstube sind Einheimische, Skitourengeher und Schneeschuhwanderer gern gesehene Tagesgäste. Gute, preiswerte einheimische Kost. Mittwoch Ruhetag. Tel. 0474 654185

40 AUF DIE PLÄTZWIESE

Im Herzen der Pragser Dolomiten, mitten im Naturpark Fanes-Sennes-Prags, breitet sich eine sonnige, weite Hochalm aus. Man erwandert sie von der Pustertaler Seite aus bequem auf einem wenig begangenen, leichten Weg.

Das Pragser Tal zählt zu den Perlen der Dolomiten: Die dunklen Wälder, die sattgrünen Wiesen und die kalkweißen Felswände des Seekofel, die sich im kristallklaren, türkisen Wasser des Pragser Wildsees spiegeln, ziehen im Sommer viele Besucher in ihren Bann. Im Winter ist die Gegend für Skitourengeher – und für Schneeschuhwanderer – ein Paradies.
Ausgangspunkt ist beim **Gasthof Brückele** (1491 m) im Altpragser Tal. Man wandert für wenige Minuten auf der **Autostraße** Richtung Plätzwiese, dann auf der rotweiß und mit der Nummer 37 markierten **Rodelbahn**. Bei der dritten Kehre ab und einen Weg entlang, der parallel zum Stollabach durch das hübsche, schmale **Stollatal** führt. Es geht an alten Bäumen, hohen Felswänden, ge-

In Kürze

Gehzeit: Aufstieg ca. 3–3½ Stunden, Abstieg ca. 2½ Stunden >> ca. 800 Höhenmeter >> lange und daher mittlere Tour

Östlich von Welsberg von der Pustertaler Staatsstraße ab und Richtung Prags; wenige Kilometer auf der Straße ins Tal, dann links Abzweigung ins Altpragser Tal mit den Häusern von Brückele. Parkplatz beim Alpengasthof Brückele.

Kompass-Wanderkarte 635 (1:25.000) oder 57 (1:50.000)

Gasthaus Brückele: Bietet sich als Einkehr am Rückweg an. Sehr gute Küche. Kein Ruhetag. Tel. 0474 748613
Berggasthaus Plätzwiese: Gemütliches Haus mit großer Sonnenterrasse. Kein Ruhetag. Tel. 0474 748650
Dürrensteinhütte: Strahlt dank dem Hüttenwirt, dem weit gereisten Bergführer und Kletterer Ferdinand Mair, Bergsteigeratmosphäre aus. Kein Ruhetag. Tel. 0474 972505

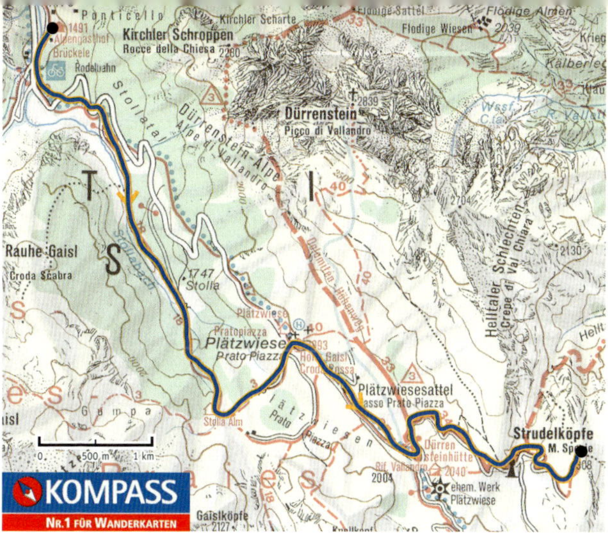

frorenen Wasserfällen und Wiesenlichtungen vorbei taleinwärts. Bei den Stolla-Wiesen überquert man den Bach und erreicht nach Überwindung eines steileren Wegstücks die urige **Stolla-Alm**. Hier biegt man nach Osten ab und quert vor dem **Gasthaus Plätzwiese** (1996 m) die Langlaufloipe. Bis hierher 2 Stunden. Man steht nun mitten im Trubel der Rodler, Langläufer, Wanderer und Sonnenanbeter, die auf der Autostraße hier hochgefahren sind. Auf breiter Straße erreicht man in 20 Minuten die **Dürrensteinhütte** (2040 m). Von dort führt ein Steig (Mark. 34, dann Schilder „Heimkehrerkreuz") in 45 Minuten zum **Strudelkopf** (2307 m). Vom Gipfel hat man einen tollen Ausblick auf die Cortineser Dolomiten und die nahe 3146 m hohe Wand der Hohen Gaisl, die die Italiener „Croda Rossa", also „Rote Wand", nennen. Der Abstieg erfolgt über die Aufstiegsroute bis zum **Berggasthof Plätzwiese**, von wo man auf der Rodelbahn zurück zum **Gasthaus Brückele** marschieren kann.

Die Wanderung lässt sich in zwei kleinere Touren teilen: Ein erstes Teilstück führt vom Gasthof Brückele zum Berggasthaus Plätzwiese (2 Stunden, 500 Höhenmeter), ein zweites von der Plätzwiese zum Strudelkopf (etwas mehr als 1 Stunde, 300 Höhenmeter). Das Gasthaus Plätzwiese, wo übrigens einige Zimmer zur Übernachtung bereitstehen, erreicht man auch auf einer im Winter geräumten Autostraße.

Schon von weitem sieht man eine Festungsruine in der Nähe der Dürrensteinhütte. Die Überreste der schlossartigen, österreichischen Festung erinnern an die Kriegsgeschehen im Ersten Weltkrieg, als hier die Front zwischen Italien und dem Habsburgerreich verlief. Das Heimkehrerkreuz am Strudelkopf ist im Gedenken an die Kämpfer und Kriegsopfer des Ersten und Zweiten Weltkriegs errichtet.